우리에게는 참지 않을 권리가 있다

직장 내 성희롱 피해자
100일간의 이야기

우리에게는

참지 않을 권리가 있다

유새빛 지음

21세기북스

당연한 일들은 다행한 일이 아니다. 그러나 여성들 대개가 학교를 떠나 직장생활을 시작하면서 당연한 일들을 다행한 일로 받아들여야 하는 상황에 놓인다. 여성의 입사, 생리휴가, 육아휴직, 직장 내 성희롱 예방 교육, 여성 직원에 대해서도 적용되는 정년보장 같은 일들은 법에서도 정해놓은 의무와 책임이다. 당연히 지켜져야 할 일들이지만, 제대로 지켜지지 않는다.

법전과 취업 규칙에 박제된 권리들은, 막상 현실에서는 주변의 눈치를 보며 혹여 생길지 모를 불이익을 각오하고서야 향유하게 되는 일이 태반이다. 그러다 보니 당연한 일들이 그나마 원칙적으로 지켜지는 상황이 다행이라 여겨진다.

사회에 첫발을 내디딘 후 이런저런 다행론을 접하며 고개를 갸웃하다가도, 시간이 지나면서 적응 반 체념 반 하게 된다. 그런 즈음 직장 내 성희롱 피해를 입게 되면, 피해자는 오롯이 피해를 어디에 어떻게 이야기해야 하는지가 아니라 이런 다행스러운 상황을 깨트리는 것이 스스로에게 좋은 선택인지 고민하게 된다. 그러면서 이만한 일에 이런 모험을 해도 될지를 놓고 내적 갈등을 하게 된다.

특히 가해자가 평소 매우 싫어했던 사람이 아니고 다른 동료들에게는 비교적 좋은 평판을 듣는 사람일수록, 반면에 피해자가 아직 몸담은 조직에 튼실하게 뿌리를 내리지 못한 상황이라 이직이나 타부서 발령 등에 선뜻 나서기 어려울수록, 피해를 알려 지금의 환경을 깨트리는 것이 막막하다. 그럴수록 옆에서 말리는 사람들도 많다. 피해를 거부하는 당연한 선언은, 그렇게 시작부터 위축되고 난항이 되기 일쑤다.

이때 필요한 것들이 있다. 하나는 '당신이 겪고 있는 일들이 겪지 않아야 할 일들이고, 다른 누군가도 이와 같은 일을 겪고 있으며 당당하게 피해 사실을 알리고 있다'라는 확인이다. 또 다른 하나는 '이렇게 해보면 좋겠군' 하고 마음을 먹게 해주는 방법 제시다.

이 책은 당연한 일을 다행으로 여기며 주저앉아 있는 피해자들에게 손을 내밀고 있다.

이은의(변호사, 『예민해도 괜찮아』 저자)

차례

1부   새빛쩌는 여의도의 꽃이에요

2부   예상치 못한 2차 가해

3부　새로운 기회가 열리다

"번거롭게 아침부터 모여서 교육을 하고 그래."

낯익은 본부 직원이 번잡한 엘리베이터에 몸을 밀어 넣으며 말했다.

2019년 첫 성희롱 예방 교육은 집합 교육으로 진행되었다. 동영상 강의로만 성희롱 예방 교육을 진행해온 우리 회사에서는 이례적인 일이었다.

'차장님, 집합 교육 제가 하자고 그랬어요! 온라인 교육은 아무도 안 듣잖아요!'

닫히는 엘리베이터 문을 보며 작게 미소를 지은 채 속으로 외쳤다. 투덜거리는 사람도 있었지만, 집합 교육 시행에 내가 영향을 주었다는 생각이 들어 괜스레 뿌듯함을 느꼈다.

전해에 나는 B2B사업본부장과 본사 인사팀장을 만나 성희롱 예방 교육에 관하여 건의했다. 지금처럼 개인이 업무 시간 중에 동영상 강의를 시청하는 방식은 효과가 없으며, 적어도 직원들이 한자리에 모여 교육을 듣는 시간이 필요하다고 말이다. 나의 의견이 반영되어 그해에는 영업 조직을 대상으로 집합 교육이 시행되었고, 올해에는 영업 조직뿐만 아니라 타 조직까지 집합 교육이 확대되었다.

"최근 몇 년간 직장 내 성희롱 신고가 늘고 있습니다."

본부 수석팀의 성과 관리를 담당하는 차장이 교육을 진행했다. 저분이 우리 본부의 성희롱 예방 교육 담당자라는 것을 해가 바뀌고 두 달도 더 지난 오늘에서야 알았다.

"신고자의 60%가 입사한 지 3년 이내의 신입사원이고, 그중 90%가 회식자리에서 일어난 사건입니다."

회식자리와 신입사원이라는 통계는 딱 내가 겪었던 일과 같았다. 비슷한 환경에서 나와 비슷한 일을 겪었을 얼굴 모를 동료들을 생각하니 마음이 아팠다. 나는 더 집중해서 강의 자료를 바라보았다.

"음 여러분, 사이좋게 지내세요."

담당자는 멋쩍게 웃으며 말했다.

"하하하."

200여 명의 본부 직원은 허허 웃었다. 나는 웃지 않았다.

성희롱 예방 교육 담당자가 교육을 끝맺으며 하는 말이 '사이좋게 지내세요'라니. 그도 갑자기 예정에 없던 성희롱 예방 교육을 담당하게 되어 당황스러웠겠지만, 사이좋게 지내라는 말은 성희롱 예방 교육과 어울리지 않았다. 진지한 마음가짐으로 교육에 집중했던 나는 기운이 빠졌다.

'우리 조직은 아직 갈 길이 멀구나'라는 생각이 들며 침울해지려던 찰나,

"사이좋게 지내라는 말은 좀 아니지 않아요?"

"직원들 다 모아두고 성희롱 예방 교육을 하는 걸 보니까 올해는 관리를 제대로 하겠다는 뜻인가 봐요."

강당을 빠져나가며 삼삼오오 이야기를 나누는 직원들의 대화소리가 들렸다. 온라인으로 진행되던 성희롱 예방 교육은 이제 화면 밖으로 걸어 나와 직원들의 관심을 받고, 대화 소재가 되었다. 처음이라 미흡한 점도 있는 집합 교육이었지만, 조직이 올바른 방향으로 나아감에 있어 의미 있는 첫 발자국으로 보였다.

나는 이전 조직들에서 직장 내 성희롱을 겪었다.

당시의 나는 입사한 지 1년도 되지 않은 신입사원이었고, 20살 이상 차이 나는 선배들에게서 힘의 차이를 느꼈기에 장난스럽게라도 입을 떼기가 어려웠다. 매일 보는 사람들에게

얼굴을 붉히기 싫었으며, 굳어있는 조직 분위기 속에서 중압감을 느꼈다. 직장 내 성희롱 피해자의 대부분이 '참고 넘어간다'라는 통계가 말해주듯이 나 또한 처음 몇 달은 고민만 하고 다른 행동을 취하지 않았다. 하지만 시간이 지나면서 내가 목소리를 내지 않으면 추가적인 피해가 생길 수 있다는 것을 알았고, 그 피해 대상은 나에게만 국한되지 않는다는 것 또한 알 수 있었다. 목소리를 내지 않음으로써 행위자의 성희롱이 문제될 것 없는 행동으로 조직 내에 수용될 수 있고, 이것이 '조직의 분위기'가 될 수도 있었다. 나는 내 권리를 지키는 것은 물론, 피해가 그 누구에게도 되풀이되어선 안 된다고 생각했다. 그렇기에 고민 끝에 목소리를 냈다.

나는 어느덧 신입사원 티를 벗고 4년 차 직장인으로서 회사 생활을 하고 있다. 종종 직장 내 성희롱을 겪는 후배들의 이야기가 들려온다. 나와 일면식이 없는데도 어떻게 그 이야기를 알게 되었는지 조언을 구하러 오는 후배도 있다. 나는 그들을 위로하면서, 스스로를 지키기 위해 그리고 조직을 변화시키기 위해 꼭 목소리를 내달라고 이야기한다.

그리고 책을 읽고 있는 당신 또한 힘들겠지만 용기를 내어주었으면 좋겠다. 우리의 목소리가 미칠 영향력을 믿고 지치지 않고 싸워주기를 부탁한다. 당신의 용기가 조직 문화에 영향을 미치고 있다는 것을 알았으면 좋겠다. 또한 스스로를 지키기 위해 목소리를 낸 것에 후회가 없었으면 좋겠다.

나는 직장 내 성희롱을 겪은 한 사람으로서 이 책을 읽고 있는 당신과 연대하여 모두가 안전하게 근로할 수 있는 조직 문화를 만들어 갈 것이다.

1부

새빛써는 여의도의 꽃이에요

무려 2017년의 회사라면

2017년 여름, 면접에 최종 합격한 그 순간을 잊지 못한다. 합격 발표 한 시간 전부터 메일을 새로 고침 하며 합격 소식을 기다리고 있었다.

『축하합니다. 유새빛님은 <2017년 상반기 ○○그룹 신입사원 채용> 임용예정자로 최종 합격하셨습니다.』

이전 시즌 취업 실패로 낮아진 자존감, 미래에 대한 두려움, 이 모든 것을 한 번에 날려버리는 메일이었다. 쿵쾅거리는 마음을 다잡으며 다급하게 가족 카톡방에 이 소식을 알렸다.

'나 취뽀 했어!!!'

평소 '나이 들면 취업하기 어렵다'고 걱정을 하던 부모님에게 나는 항상 스물다섯 살은 많은 나이가 아니라는 것을 상기시켜 주어야 했다. 가족들은 너나 할 것 없이 나의 취업을 기뻐했다. 나는 간만에 고향에 내려가 가족들과 여유로운 시간을 보냈다.

"택배 왔는데 집에 계신가요?"

평생 받아보지 못했고 앞으로도 받을 일이 없을 것 같은 풍성한 꽃바구니와 와인 꾸러미가 집에 도착했다. 꽃바구니에 꽂혀있는 CEO의 축하 카드를 보니 내가 어딘가에 소속되어 사회생활을 시작한다는 것이 실감나기 시작했다. 회사의 핵심 인재로 자라날 미래를 상상하면서 카메라 필터를 바꿔가며 꽃바구니와 와인을 찍었다. 인스타그램에 전시된 꽃바구니를 보니 입사도 하기 전이지만, 이미 마음속에는 애사심이 차오르고 있었다.

내가 합격한 직무는 국내 법인영업이었다.

"새빛아, 그런데 영업 직무 힘든 거 아니야? 걱정이 되네."

"술 마시고 접대해야 하는 것 아니야? 실적 압박도 있고?"

합격 소식을 주변에 알렸을 때 몇 사람들은 영업 직무에 대하여 걱정했다.

"요즘이 어떤 세상인데 그렇게 영업하는 곳 없을 거야. 드라마 미생에 나온 것처럼 술 마시고 접대하고 그런 거 없대. 그리고 실적 압박이야, 직무마다 고충이 있는 거지."

걱정하는 사람들의 질문에 당당하게 대답했다.

대학 생활 동안 대형마트와 백화점에서 와인, 명절 선물 세트 등 판매 아르바이트를 해왔던 터라 실적 압박에 대한 걱정은 하지 않았다. 또한, 선을 넘는 접대 등 도의적 문제가 되는 행동을 강요하는 기업은 무려 2017년에는 없을 것이라고 생각했다. 그리고 영업 직무에 여자 신입사원을 많이 채용한 것을 보면 조직 내에서 성차별은 없을 것이라고 생각했다.

내가 상상한 2017년의 대기업은 합리적이고 시대의 흐름을 빠르게 따라가는 곳이었다. 그렇기에 나는 회사에서의 고통은 오직 업무에서만 올 것이라고 생각했다.

그런데.

'센터장님, 저희는 굴비가 아니니까 그만 엮으세요.'

영업 지원 센터에서 7개월을 보내며 자주 했던 생각 중 하나이다.

본격적으로 현장 영업 지사에 배치되기 전, 인큐베이팅 과정으로 영업 지원 센터에 배치되어 반년간 교육을 받으며 일을 배웠다. 센터에는 약 70명의 직원이 있었고, 그중 20대 여성은 나 혼자였다. 마침 팀에 20대 남성인 이대리가 있었고, 몇 선배들이 이대리와 나를 엮곤 했다. 특히 우리 센터의 수장인 센터장이 사람들 앞에서 반복하여 이대리와 나를 굴비처럼 엮었다. 처음에는 야근으로 고생한 이대리와 나에게 영화 티켓을 주면서 "둘이 보러 가면 되겠다"라고 가볍게 시작한 장난이 시간이 지나며 직접적인 표현이 되었다. 어른들이 그냥 하는 말이라고 생각하고 흘려 넘기려고 했지만, 점점 신경이 쓰이기 시작했다.

하루는 퇴근 인사를 하는데, 센터장이 "새빛이 금요일인데, 남자 친구가 밖에서 기다리고 있는 거 아니야? 아, 아니다. 이대리가 여기 있으니까 안에서 기다린다고 표현해야 되나? 껄껄"이라고 팀원들이 모여 있는 회의실에서 쩌렁쩌렁 큰 목소리로 말했다. 당황스러웠다. 이대리와 팀장을 순서대로 바라보았지만, 두 사람은 표정에 변화가 없었다. 반복되는 야근으로 인해 스트레스가 쌓일 대로 쌓인 상태였기에 센터장의 말들은 가시처럼 나를 콕콕 찔렀다. 센터장이 나를 편하게 대하려고 노력하는 것에 대해서는 감사하게 생각했지만, 굴비 발언들로 인해 이때까지의 감사한 감정이 증발할 것 같았다. 그런 발언들 때문에 맞선임인 이대리와 나 사이에 어색한 기류가 돌게 될까 봐 걱정도 되었다. 퇴근하는 내내 마음이 불편했다.

"대리님은 센터장님이 저랑 엮는 거 안 불편하세요?"

이대리와 티타임을 가지며 그에게 센터장의 굴비 발언에 대해 어떻게 생각하는지 물어봤다.

"그냥 그러려니 하고 넘기고 있어요."

이대리는 덤덤하게 말했고, 정말 신경을 쓰지 않는 것 같았다.

"저는 계속 들으니까 불편해서요."

나는 아이스 아메리카노를 빨대로 휘적거리며 말했다.

"그럴 수 있는데, 경험상 신경 쓰면 저만 피곤하더라고요. 특히나 센터장님은 직책자니까, 센터장님한테 마음 상하면 우리만 손해예요."

이대리는 5년 동안 센터장에 대해 터득한 이야기를 해주었다. 그리고 사회생활이니 싫은 부분이 있더라도 참는 것도 필요하다고 말했다. 맞는 말이었다. 그럼에도 나는 여전히 센터장이 이대리와 나를 엮는 것이 불편했고, 센터장을 볼 때마다 또 이대리와 엮는 건 아닐까 촉을 세우게 되었다. 센터장에게 그러지 말아 달라고 의사 표현을 하고 싶었다. 하지만 막상 굴비 발언을 들었을 때 나는 적당한 액션을 취할 수 없었다. 덤덤하게 의사를 표현하는 것도 센스 있는 말로 받아치는 것도 못 하고, 소극적인 태도로 센터장을 피하기만 했다.

영업 지원 센터는 직원들끼리 삼삼오오 모여 과일을 깎아 먹기도 하는 등 전반적으로 캐주얼한 분위기였다. 우리 팀에는 40대 남성 차장이 과반수 이상이었다.

팀에서 두 번째로 나이가 많은 박차장은 유머가 넘치고 여러 사람을 격의 없이 대했다. 사람들은 박차장이 말하면 박장대소하는 등 그는 어딜 가나 인기가 많았다. 나는 박차장이 재밌는 사람이라고 생각했지만, 가끔 그가 성차별적인 발언을 할 때는 무어라 대답해야 할지 몰라 난감했다.

하루는 박차장과 둘이 점심을 먹게 되었고, 대화 주제가 나의 결혼으로 흘러갔다.

"새빛이 너는 결혼하면 회사 계속 다닐 거야?"

내 입장에서 일은 결혼 여부와 상관없이 당연한 것이었다. 그렇기에 "네, 회사 오래 다니려고요"라고 고민하지 않고 대답했다.

"여자의 일과 남자의 일이 있어. 나는 평생 외벌이를 했고, 우리 집사람은 집에서 애들 셋을 키웠는데, 애들을 집에서 케어하는 역할이 꼭 필요해. 나중에 결혼하면 잘 생각해 봐."

박차장은 진지하게 말했다. 내 나이 20대 중반. 5년 정도 직장 생활을 하고 회사를 그만둘 거라면 나는 대학을 왜 나온 걸까? 심지어 나는 졸업까지 5년이 넘게 걸렸는데. 여자의 일과 남자의 일이 있다는 박차장의 말에 동의할 수 없었다.

하루는 내가 손가락 관절 소리를 내었더니 박차장이 "어우, 여자는 그런 소리 내면 안 돼"라고 말했다. 함께 회의실에 있던 이대리가 이 말을 듣자마자 바로 "요즘은 여자가, 남자가 이런 말씀 하시면 안 돼요. 박차장님 큰일 날 분이시네요?"라고 웃으며 받아쳤다. 박차장은 이대리의 말을 듣고 함께 껄껄 웃었다. 이대리가 센스 있게 받아치는 모습을 보고 '이거다!' 싶었다.

다음 날, 내가 박차장에게 업무와 관련된 질문을 했을 때였다. 박차장은 내 질문을 듣고 나에게 "손 펴봐"라고 말했다. 내가 손을 펴서 보여주자 그는 내 엄지와 검지를 자신의 손으로 꼭 감싸더니 설명하기 시작했다. 박차장은 점심때 소주를 마신 상태였다. 나는 바로 손을 빼며 "앗, 차장님, 이렇게 손잡는 거 성희롱이에요!"라고 외쳤다. 그 순간 우리를 주목하고 있던 사무실 안의 사람들이 다 함께 크게 웃었다. 박차장은 살짝 당황한 듯 손을 놓았고, 이내 멋쩍게 웃으며 마저 설명했다.

나는 입사 초반에 눈치를 보느라 성차별 발언을 들었을 때 불편한 내색을 하지 못했고, 그렇다고 재치 있게 받아치지도 못했다. 무슨 말을 해야 할지 고민하다 보면 항상 타이밍이 지나있었다. 하지만 박차장에게 '이거 성희롱이에요!'라고 외친 것을 시작으로 나는 조금씩 조직 생활 속에서 나를 지키는 말들을 하기 시작했다.

아무 일 없습니다

"아악!"

어느 새벽, 나는 육성으로 비명을 지르며 잠에서 깼다. 잠을 자다가 소리를 지른 것은 처음이었다.

사람이 아무도 없는 시간, 나는 눈에 익은 사거리에 홀로 서 있었다. 멀리서 술에 취한 남자가 걸어오고 있었다. 가로 등이 환하게 켜져 있는 길에 사람이라곤 나와 취객밖에 없었 다. 처음에는 위협감을 느끼지 않았지만, 그가 왠지 내 쪽으 로 다가오는 것 같았다. 옆으로 피해가겠거니 생각했지만, 취 객은 어느새 내 코앞까지 다가왔다.

'뭐지?'

위험을 감지했을 때는 이미 늦었다. 인사불성 상태의 취객 이 나를 두 팔로 껴안았다. 벗어나고 싶어 몸부림쳤지만 벗어

날 수 없었다. 누군가 도와주길 바랐다. 소리를 질렀지만, 목소리가 나오지 않았다. 긴박한 마음에 다시 한번 있는 힘껏 소리를 질렀고, 나는 육성으로 소리를 지르며 잠에서 깼다.

불쾌하고 무서운 꿈이었다. 다시 잠들지 못하고 꼬박 밤을 새웠다. 아침 8시, 세수를 한 룸메이트가 TV를 켰다.

"어제 제가 자다가 소리 질렀는데, 혹시 깼어요?"

새벽에 깼을 때 룸메이트가 뒤척인 것 같아 조심스럽게 물어봤다.

"네, 자다가 깜짝 놀랐네. 악몽 꿨어요?"

룸메이트는 웃으며 대답했다.

"네. 진짜 말도 안 되는 꿈을 꿨어요."

"에구, 요즘 스트레스 많이 받았나 보다."

내가 왜 이딴 악몽을 꿨을까?

그 꿈을 꿀 때 즈음에 나는 길을 가다가 앞에서 사람이 튀어나오기만 해도 깜짝 놀라고, 바람이 세게 부는 것만으로도 불안감을 느낄 만큼 매우 예민한 상태였다. 나는 위축되어있었다. 원인은 영업 지원 센터 내 같은 팀인 우과장이었다. 40대 중반의 우과장은 밝은 성격에 사람들을 스스럼없이 대했고, 술을 굉장히 좋아했다. 나는 그 일이 있기 전까지 우과장에 대해 별다른 생각이 없었고, 팀원 중 한 명이라고만 생각하고 있었다. 하지만 회식에서 그에 대한 생각이 바뀌었다.

상반기 성과를 축하하는 회식에서 우과장은 내 옆에 앉았다. 나는 잘 익어가는 삼겹살을 앞에 두고 우과장과 사업에 관하여 대화를 나누었다. 그런데 대화 도중 갑자기 그가 내 허벅지 위에 손을 올렸다. 마치 친한 친구들끼리 대화를 나눌 때 하는 행동처럼 손바닥으로 내 허벅지를 토닥였다. 그는 웃음기 없이 진지한 표정으로 내 눈을 똑바로 쳐다보며 말하고 있었다. 하얀 피부에 보기 드물 정도로 밝은 갈색 눈동자가 순간 무섭게 느껴졌다. 주변을 빠르게 살폈지만 여러 사람이 있었음에도 테이블 아래에서 일어난 일이라 아무도 보지 못한 것 같았다. 머릿속이 하얘졌고, 직장에서 처음 겪는 일이라 어떻게 해야 할지 혼란스러웠다. 말을 해야 하나 고민하던 사이에 타이밍은 지나가고 말았다.

집에 가서도 '내일이라도 출근하면 말해야 하나' 하며 끙끙 고민했지만, 결국 말하지 못했다. 여태껏 살아오면서 나는 성추행을 당하면 망설이지 않고 그 자리에서 표현할 것이라고 생각했다. 하지만 막상 친분이 있는 사람이 몸에 손을 댔을 때 나는 아무것도 할 수 없었다. 그 사실이 굉장한 스트레스였다.

그 뒤로 원래도 살가운 편인 우과장이 불편하게 느껴졌다. 혹여나 우과장이 지나가면서 어깨라도 한번 치거나 내 옆자리로 와서 업무 설명이라도 하면 온 신경이 그쪽을 향해 곤두섰다. '또 만지면 어떡하지', '어깨를 만지는 것도 싫은데' 같은 생각이 들어 설명이 귀에 들어오지 않았다. 이 일은 아무에게도 말하지 않았고, 앞으로 우과장을 피해 다녀야겠다고만 생각했다. 그러면서도 머릿속은 계속 혼란스러웠다. 우과장의 행동이 실수였는지 고의였는지 알 수 없었다. 실수로 그랬다고 믿고 싶었다.

하루는 우과장, 이대리와 셋이 점심을 먹으러 갔다. 점심시간임에도 불구하고 그는 고량주를 주문했다. 우과장과 함께 밥을 먹는 자리가 불편했지만, 대낮이었고 이대리도 함께 있어서 안심하고 있었다. 그때 갑자기 우과장의 손이 내 무릎위로 올라왔다. 치마를 입고 있던 나의 맨다리에 그의 맨손이 닿았다. 불쾌하기 짝이 없었다. 불쾌함을 표현하기 위해 '아!'라고 소리 내며 다리를 뺐지만, 우과장은 말을 멈추지 않았고 나의 외마디 비명은 대화 속에서 금세 사라졌다.

찰나의 순간이었지만 우과장의 연이은 성희롱이 스스로를 자책하게 했다. 자신조차 지키지 못하는 내가 너무 한심했다. 나는 화살을 나에게 돌리고 있었다.

이 무렵에 나는 이상한 감정을 느끼고 있었다. 사무실에 여성과 남성이 존재한다는 것, 그리고 내가 여성이라는 것을 느끼고 있었다. 문자 자체만 보면 이상한 부분이 없지만, 무언가 굉장히 이상했다.

영업 지원 센터는 40대 이상의 남자 직원이 많은 조직이었고, 나의 주된 업무는 밀폐된 회의실에서 온종일 소수의 동료들과 사업 제안서를 작성하는 일이었다. 아침부터 밤까지 나를 제외하고는 모두 남성인, 그것도 대부분 40대 이상의 남성으로 가득한 회의실 안에 나 홀로 여자였다.

어느 날부터 내가 하루 종일 근무하는 회의실 안에 있는 사람이 나를 제외하고 모두 남성이라는 사실을, 내가 여자라는 사실을 '인지'하며 이상한 감정이 들기 시작했다. 잘 표현할 수 없지만, 내가 여자라는 사실이 이상하기도 하고 불편하기도 했다. 회의실에는 센터장, 박차장, 우과장 중 한 명이 꼭 있어서 그 안에 있을 때면 나는 항상 성차별과 성희롱을 걱정해야 했다. 우리는 모두 한 회사의 직원이고 동료이지만, 그들에게 내가 대상화될 수 있는 존재라는 사실과 나를 대상화할 수 있는 사람들과 일하고 있다는 사실에 이상한 느낌이 들었다.

"○○기업은 여자가 다니기 좋은 회사지."

입사하기 전부터 우리 회사에 대해 많이 들었던 말이다. 업무 강도가 높지 않고 정년이 보장된다는 이유로 우리 회사는 여성이 다니기 좋은 회사로 알려져 있었다. 또한, 공무원 조직보다 육아휴직을 사용하는 비율이 높을 정도로(비록 승진과 평가에서는 밀릴 수 있지만) 직원들이 비교적 부담 없이 육아휴직을 사용했다. 그런데 이 말을 처음 들었을 때 업무 강도가 낮고 육아휴직을 자유롭게 사용할 수 있다는 사실만으로 '여자가 다니기 좋다'라고 정의되는 것이 이상하게 느껴졌다.

입사 초기에 동기들과 연수원에서 합숙할 때 '선배와의 대화'라는 프로그램이 있었다. 선배에게 자유롭게 질문하던 중 한 남자 동기가 육아휴직과 관련된 질문을 했다.

"만약에 동료 여직원이 육아휴직을 사용하여 저나 다른 팀원에게 업무가 가중될 경우에는 어떻게 하나요?"

나는 놀라 옆에 앉은 여자 동기를 바라봤다. 나와 똑같은 표정을 지은 그녀와 눈이 마주쳤다. 질문한 남자 동기의 눈을 보니 그는 정말 궁금해서 질문한 것 같았다. 누군가에게 육아휴직은 주변인에게 업무가 가중되는, 여직원만 사용하는 제도일 뿐이었다. 또 어떤 대리는 "남자는 회사에서 이루고 싶은 꿈이 있으니 육아휴직은 여자가 쓰는 것이 더 낫지 않을까요?"라고 말했다. 그리곤 빠르게 "아 물론, 여자도 회사에서 이루고 싶은 꿈이 있을 수 있죠"라고 덧붙였다. 육아휴직을 자유롭게 쓸 수 있는 것은 큰 장점이지만, 그것과 별개로 사람들이 육아를 '여자의 일'이라고 무의식적으로 정의하는 것이 씁쓸했다.

하루는 영업 지원 센터에 같이 배치된 동기 임사원과 대화를 나누었다.

"홍차장님이 나랑 너 자꾸 엮으시더라."

40대 남성인 홍차장은 30대 늦깎이 신입사원인 임사원을 챙겨 주는(?) 의미에서 센터의 유일한 미혼 여성인 나와 잘해 보라고 농담을 한 것 같았다.

"그래?"

"우리 회사 다니는 여자 만나는 게 최고라고 그러시더라고. 다른 곳에서 이성 찾지 말래."

다들 우리 회사를 여자가 다니기 좋은 곳이라고 말했기 때문에, 나는 홍차장의 말을 대수롭지 않게 생각했다. 어떤 선배들은 남자 주니어 직원들에게 여자 주니어 직원을 꼭 잡으라고 농담하곤 했다.

"또 뭐라고 안 하셨어?"

"빨리 잡아서 자빠뜨리라고."

"뭐?"

홍차장이 나를 대상으로 자빠뜨리라고 표현했다는 사실을 믿을 수 없었다. 자빠뜨리라는 표현이 너무 생소하여 내가 생각하는 그 뜻이 맞는지 인터넷에 검색해봤다. 항상 나에게 친절하고, 조곤조곤한 말씨로 이야기하던 홍차장이었다. 다른 선배들보다 점잖고, 우리 아빠와 외적으로 닮은 그를 좋은 사람일 것이라고 생각했는데……. 나는 배신감을 느꼈다. 홍차장에게 미혼 여성 직원이 어떤 존재인지 알 것 같았다.

우리 회사가 정말로 여자가 다니기 좋은 회사일까. 이 명제에 대해 입사하고부터 꾸준히 스스로에게 질문을 던졌지만, 내 대답은 'NO'였다. 사람이 다니기 좋은 회사이지 특별히 여성이 다니기 좋은 회사가 아니었다. 오히려 여성에게는 남초 조직에서 끊임없이 자신을 지키며 살아남아야 하는 정글이었다. 우리 회사가 정말로 여자가 다니기 좋은 회사라면 내가 여자로 인식되는 것이 불편하게 느껴질 리가 없다.

팀 회식에서 민차장의 앞자리에 앉은 적이 있다. 민차장은 팀의 차석으로 영업 지원 센터 내에서 위치가 높았고, 성격이 좋아 주변 사람들이 좋아했다. 한 남자 차장이 술을 마신 후 민차장을 칭찬하려는 의도였는지 엉뚱한 얘기를 반복했다.

"우리 민차장님 얼마나 예뻐. 내가 우리 와이프 만나기 전에 민차장님 알았으면 민차장님이랑 결혼했을 거야. 애기도 한 다섯은 낳았을 거야. 껄껄껄!"

이 말을 듣고 나는 적잖게 놀랐지만, 민차장은 자주 있는 일이라는 듯 "어휴 또 이래!"라고 말할 뿐이었다. 나중에 이대리에게 회식 자리에서 들은 이야기를 했더니 누군지 말도 하지 않았는데 바로 발화자를 맞추었다. "그 차장님 술 마시면 맨날 그 얘기 해요"라면서.

팀에서 나이가 가장 많고 차석이라는 위치에 있더라도, 민차장 또한 성희롱과 성차별을 피해갈 수 없었다. 민차장이라면 내가 겪는 일에 조언을 해줄 수 있지 않을까 싶어 상담을 요청했다. 민차장에게 우과장이 술을 마시고 두 차례 내 무릎과 허벅지를 만졌다고 이야기하자 그녀는 놀랍다는 반응을 보였다.

"우과장이 그랬다고? 나는 우과장이랑 몇 년간 같은 센터였는데, 한 번도 그런 낌새를 보인 적이 없거든."

씁쓸했다. 민차장의 말을 들으니 우과장이 한 성희롱은 술을 마신 후에 한 실수나 무의식적으로 나온 행동이 아니라 '사람을 가려가며' 한 행동이라고 해석되었다. 내가 신입이라서 만만해 보였을까.

그리고 민차장은 회사 생활을 하다 보면 보이지 않는 곳에서 성희롱이 잦다며 본인의 경험을 이야기해주었다.

"내가 50이고, 여기 센터에 또래 여자 차장들도 있잖아. 그런데 성희롱 얘기하면 안 당해본 사람이 없을 거야. 남직원들은 미투 그런 게 진짜 있냐고 말하겠지만, 여직원들은 미투에서 자유로운 사람이 한 명도 없을걸?"

지난번 술자리에서 남자 차장이 민차장에게 부적절한 발

언을 하는 모습을 내 눈으로 보았기 때문에 분명 센터의 다른 여자 차장들도 성희롱을 겪었으리라는 생각이 들었다.

"나는 예전에 옆 팀 하차장이 집에 태워준다고 해서 차를 얻어 탄 적이 있거든. 그런데 하차장이 운전하면서 자꾸 손으로 무릎이고 어깨고 여기저기를 은근슬쩍 치는 거야. 그래서 내가 창 쪽으로 최대한 붙고, 가방을 무릎에 두고 나름 피하려고 했거든. 그 뒤로는 하차장을 아예 피해 다니게 됐어."

50이 되어서도 성희롱에서 온전히 자유롭지 못한 민차장을 보니 마음이 갑갑했다. 그리고 민차장은 한마디 덧붙였다.

"우리 또래는 그냥 참고, 피했지……. 그 사람들 1~2년 본 것도 아니고. 그냥 옛날 사람들이라 그러려니 하고 넘어가는 거지."

민차장은 우과장에 대해 팀장과 논의해보는 것이 좋겠다고 조언해주었다. 팀장은 다른 남자 팀원들과 달리 평소에 농담도 거의 하지 않는 점잖은 사람이었다. 쓸데없는 말실수를 하는 일이 없었다. 하지만 팀장이 나를 이해해주고 적절한 조치를 취할지 의문이 들었다. 확신이 없고 두려웠지만, 가만히 있을 수 없다는 생각이 들어 팀장에게 이야기하기로 마음먹었다.

팀장과 사내 카페에 어색하게 마주 앉았다. 점심시간이 끝나고 시간이 꽤 지난 후였기 때문에 카페에는 나와 팀장만 덩그러니 있었다.

"저, 우과장님 관련해서 상의드릴 게 있어요."

나는 어렵게 입을 뗐다. 팀에 처음 배정을 받았을 때는 팀장과 종종 담소를 나누곤 했지만, 시간이 지날수록 대화하는 일은 점점 줄어들었다. 나는 직책자가 어려웠고, 팀장도 업무에 치이느라 신입을 신경 쓸 여유가 없어 보였다. 그는 몇 년간 축적된 과로로 인해 낯빛이 항상 어두웠다.

"지난번 회식 때 우과장님이 제 옆에 앉았는데⋯⋯."

우과장이 술을 마시고 내 허벅지와 무릎 위에 손을 올렸던 두 사건을 말했다. 내가 겪은 일을 내 입으로 말하는 것은 쉽지 않았다. 이야기가 끝나고 적막이 흘렀다. 우과장과 친분이 깊은 팀장이 무어라 말할지 걱정되었다.

팀장은 평소와 같은 어두운 표정으로 입을 뗐다.

"음. 이 일에 대해서 두 가지 방법이 있을 것 같은데⋯⋯."

팀장은 준비해온 듯한 해결책을 얘기하기 시작했다. 아마 민차장이 미리 귀띔했으리라.

"첫 번째로는, 우과장을 내가 따로 불러서 새빛씨 이야기를 전해주면서 경각심을 주는 거야. 내가 직접적으로 이야기하면 우과장이 확실히 인지하고 다음부터는 조심할 거야. 하지만 이렇게 하면 우과장이랑 새빛씨 사이가 불편해질 수 있어."

나는 이 문제를 피하지 않고 바로잡아야 한다고 생각했지만, 팀장의 말처럼 막상 우과장과 함께 이 사건을 직접적으로 마주하게 된다는 것이 두렵게 느껴졌다. 우과장과 같은 회의실에서 일하는 경우가 많기 때문에, 사이가 불편해졌을 때 출근부터 퇴근까지 그 어색한 공기를 버틸 수 없을 것 같았다.

성희롱은 생판 남에게 당했을 때보다 지인에게 당했을 때가 여러모로 곤욕스러웠다. 행위 당시에는 '내가 오해하는 게 아닐까?', '그럴 사람이 아닌데?' 등의 생각으로 올바른 대처를 하지 못했고, 사건을 해결하고 싶을 때는 그 사람 및 주변 인들과의 관계가 신경이 쓰여 이의를 제기하기 어려웠다.

"두 번째로는 우과장에게 직접 이야기하지는 않고, 내가 자리 배치나 업무 등에서 새빛씨와 우과장이 직접적으로 마주치지 않도록 도와주는 방법이 있어."

팀장은 간접적으로 우과장을 피할 수 있는 두 번째 방법을 제안했다. 그는 두 방법에 대해 나의 의견을 물었다. 팀장은 여전히 어둡고 진지한 표정이었다.

팀장이 제시한 해결책을 생각해보니 부족하다고 느껴졌다. 두 방법 모두 회피적이었기에 근본적인 원인을 바꿀 수 없었고, 어떤 것도 정식 절차를 포함하고 있지 않았다. 나는 팀장에게 성희롱 예방 교육을 제대로 하자고 제안했다.

"센터 전체에 오프라인으로 성희롱 예방 교육을 하는 건 어때요? 성희롱 사례를 상세하게 오프라인으로 알려주면 본인의 행동을 인지하고 경각심을 갖게 되지 않을까요? 지금 이뤄지는 성희롱 예방 교육은 개인이 동영상 강의를 수강하는 방식이라서 아무도 제대로 듣지 않는 것 같아요."

"오프라인으로 성희롱 예방 교육 하는 것 좋지. 좋아. 그런데 이렇게 교육을 하게 되면, 사람들이 왜 갑자기 성희롱 예방 교육을 적극적으로 하는지 궁금해할 거야. 결국에는 우과장 때문이라는 게 알려질 텐데 이게 잘못하면 소문이 날 수 있어서……."

내 의견에 팀장은 고개를 저었다.

"소문이란 게 파급력이 커서, 만약 정확하지 않은데 소문이 나게 되면 우과장에게 안 좋은 영향을 미칠 수 있어."

우과장을 위하는 팀장의 마음이 느껴졌다. 나는 최근에 팀장과 함께 사업을 준비하며 매일같이 야근을 했다. 일이 몰릴 때는 주말에도 출근하며 2주 내내 팀장과 매일 점심, 저녁을 같이 먹었다. 팀장은 나에게 첫 사회생활의 직상급자이자 멘토였으며 가족보다도 자주 보는 사람이었다.

'팀장님. 저는 팀장님의 팀원 아니에요? 우과장만 팀원이에요?'

서운함을 담은 말들이 목구멍까지 올라왔다. 아무리 내가 금방 다른 팀으로 배치될 신입사원이지만, 팀장이 제시하는 해결책들은 모두 우과장의 입장을 먼저 배려한 것 같았다.

그리고 팀장은 "우과장이 고의로 그랬을 수도 있지만, 정말, 정말로! 본인은 모르고 한 일일 수 있거든"이라고 덧붙였다.

본인이 모르고 한 일이라…… 이 말이 팀장과의 상담을 무의미하게 만들었다. 기운이 빠졌다.

"팀장님, 그럼 이전에 이런 일이 있었을 때는 어떻게 대처하셨나요?"

나는 센터 내 선례를 참고하고 싶었다.

"미안한데…… 내가 센터 오고 9년 동안 이런 일이 정말 처음이라…… 전에는 어떻게…… 대처한 경우가 없어."

팀장은 미안한 표정을 지으며 말했다. 머리가 잠시 띵했다. 내가 직접 보고 들은 성희롱이 있는데, 9년 동안 센터 내에 성희롱이 없었다니? 팀장은 신고가 들어오지 않으니 센터에 성희롱이 없었다고 생각하겠지만, 눈에 보이지 않았을 뿐이다. 아니, 눈에 보였어도 몰랐을 것이다. 9년이라는 시간 동안 피해자는 피하기만 하고, 제삼자는 둔감하고 관심을 가지지 않았다. 이 말을 들으니 마치 9년간 센터에 아무 문제도 없었는데, 굴러들어온 내가 문제를 만든 것처럼 느껴졌다.

직장 내 성희롱. 누군가에게는 '없는 일', '보이지 않는 일'이겠지만, 나에겐 부정할 수 없는 현실이었다.

"생각해보고 말씀드릴게요."

팀장과의 상담은 허무하게 끝났다. 민차장과 팀장이 공통적으로 했던 이야기는 바로 피하라는 것이었다. 민차장은 조심하고 피하는 것도 방법이라고 말했고, 팀장은 자리 배치 등 간접적으로 피할 수 있게 도와준다고 말했다. 이것이 여태껏 여자 선배들이 버텨온 방식이었다. 근 10년을 본 사람들이니 얼굴을 붉힐 일을 만들지 않았다고 했다. 내가 우과장에게 직접 이의를 제기하는 것에 어려움을 느꼈던 것처럼 그녀들도 같은 마음이었을 것이다. 또한, 그녀들은 회사에서 오랫동안 살아남기 위해 피하고 참을 수밖에 없었다. 그렇기에 9년간 센터는 겉으로 보기에 아무 문제가 없었을 것이다.

사회생활을 어떻게 해야 할지 고민이 깊어졌다. 민차장의 말처럼 나를 지키기 위해서 회식 참여를 덜 한다거나 특정인들과 거리를 두는 등 나의 사회적 행동에 제약을 두면 어떻게 될까. 나는 회식이나 누군가의 옆에 앉을 때 긴장을 해야 하고 무려 '조심'까지 해야 하니 점점 관계에서 빠지게 될 수 있다. 사람들과 친분을 쌓는 속도가 느려지고, 남초 조직에서 겉돌게 될 수도 있다. 나를 지키기 위한 행동들이 사회생활의 제약으로 다가올 수 있다고 생각하니 속상했다.

팀장님, 이런 상황을 만든 건 제가 아닌데 왜 제가 조심하고 피해야 하나요?

영업 조직

"새빛씨는 어느 지사에 가고 싶어요?"

"저는 여의도 지사요!"

영업 지원 센터에서의 생활 동안 센터 선배들은 종종 나에게 어느 지사 배치를 희망하는지 물었다. 그때마다 나는 여의도 지사를 희망한다고 말했다. 엄청난 이유가 있는 것은 아니었지만, 여의도 지사가 서울에 있는 20여 개의 지사 중 가장 규모가 컸기 때문에 배울 업무가 많을 것이라고 생각했다. 또한, 기업들이 빼곡히 몰려있는 여의도에 대한 막연한 동경이 있었다. 어떤 선배는 여의도 지사는 다른 지사에 비해 업무 강도가 높다는 이유로 다른 지사를 생각해보라고 조언했다. 또 어떤 선배는 종로 지사의 지사장이 나를 좋게 보고 있으니 종로 지사에 가면 좋을 것 같다고 조언했다. 그럼에도 여의도 지사를 가장 희망한다는 내 생각은 변함이 없었다.

그렇게 나는 꿈에 그리던 여의도 지사에 정식으로 배치되었다. 운이 좋게도 입사 동기 임사원과 같은 지사였다. 힘들 때 의지할 수 있는 동기가 있어 다행이었다. 임사원도 같은 지사에 배치된 것을 좋아하는 눈치였다.

초여름의 첫 월요일, 우리는 설레는 마음으로 여의도 지사에 첫 출근을 했다. 오래간만에 정장을 입고, 출근 시간인 9시보다 한 시간 이른 8시에 사무실에 도착했다. 이른 시간이었음에도 지사장이 자리에 앉아있었다.

"안녕하세요."

"어, 임지환씨랑 유새빛씨구나?"

지사장은 쭈뼛쭈뼛 서 있는 두 신입사원을 여유롭게 맞아주었다. 우리는 지사장실에서 지사장과 1팀, 2팀, 3팀의 팀장들과 인사를 나누며 차를 마셨다. 임사원이 배정된 3팀의 팀장이 "지사장님, 새빛씨랑 지환씨는 이제 손님이 아니라 가족인데 무슨 차를 내주십니까?"라고 시크하게 말했다. 경상도 말씨를 쓰는 3팀장은 무심해 보였지만, 알고 보면 정이 많은 사람이라는 소문이 있었다. 내가 배정된 1팀의 팀장은 호탕해 보이는 40대 남성이었다. 2팀장은 대화 도중 미소를 자주 짓는 등 온화한 인상이었고, 긍정적인 리액션을 자주 했다. 아주 잠시 우리 엄마 같다는 생각을 했다.

지사장은 세 팀장보다 나이가 어려 보였다. 라인이 잡힌 원피스를 입고 단발머리를 한 그녀는 머리부터 발끝까지 세련돼 보였다. 평직원으로 입사해 영업을 정말 잘해서 지사장까지 빠르게 승진했다는 그녀의 이야기는 서울 지역에서 유명했다. 지사장은 전설의 주인공답게 자신감이 넘쳐 보였다. 쌍꺼풀이 지고 큰 눈으로 우리를 똑바로 쳐다보았고, 부드러운 목소리 속에는 단호함이 섞여 있었다. 지사장은 여의도 지사에 관하여 이런저런 이야기를 하다가 나에게 조직 내 여직원의 입지에 대하여 말했다.

"영업 조직은 알다시피 이때까지 남성이 많은 조직이었어. 나는 앞으로 영업 조직에 여성이 많아졌으면 좋겠어. 나처럼 여성 리더도 많이 나왔으면 좋겠고. 안 될 건 없다고 생각해. 오히려 여성이 영업을 잘하는 케이스가 많아. 그리고 꼭 외향적인 성격이 영업을 잘하는 것도 아니거든. 내가 여성으로서 유사원한테 기대가 커. 알겠지?"

아무리 우리 회사가 여자가 다니기 좋은 직장이라고 알려져 있어도, 여성 직책자의 비율은 남성 직책자의 비율보다 현저히 낮았다. 지사장 또한 직책자의 자리까지 가기가 매우 어려웠을 것이다. 얼마나 대단한 사람인가. 지사장의 말을 듣고 나도 잠시 여성 직책자가 되는 미래를 그려봤다.

내가 여의도 지사에 배치된다는 사실을 알았을 때 한 선배는 실적 압박 때문에 20대에 탈모가 온 동기가 있을 정도로 영업 지사에 가면 심한 스트레스를 받을 것이라고 예언했다. 그중에서도 여의도는 업무 강도가 가장 세기로 유명한 곳이라고 했다. 일을 시작하기도 전에 영업 지사에 가면 고생한다는 이야기를 귀에 박히도록 들었다. 주변의 그런 조언 탓에 막연한 두려움이 있었지만, 아직 겪지 않은 일에 지레 겁을 먹어봤자 득 될 것이 없다고 생각했다. 그래서 내가 직접 해보기 전에는 판단하지 말자고 다짐했다. 처음에는 적응하기 어렵겠지만, 내가 영업을 못 할 이유는 없다.

벌써 9시가 지났지만, 팀에는 아직 출근하지 않은 선배들이 많았다. 팀장이 다들 고객사를 방문했다가 점심쯤에 사무실로 복귀할 예정이라고 말했다.

"영업 지원 센터에 있을 때는 외근 나갈 일이 별로 없었지? 여의도 지사에서는 이제 하루의 반 이상을 고객사에서 보내게 될 거야."

영업 직원은 고객을 만나는 일이 잦았다. 그렇기에 선배들의 옷차림은 굉장히 포멀했다. 여의도 지사에서는 영업 지원 센터에서 보기 힘들었던 넥타이 차림의 풀 정장을 입은 직원을 쉽게 볼 수 있었다.

책상을 정돈하며 사무실을 둘러봤다. 팀 공용 책상 위에 꽃 배달 업체의 책자가 놓여 있었다. 작은 난부터 화환까지 종류가 다양했고, 축하부터 애도까지 다양한 예시 문구가 적혀있었다. 고객사의 경조사에 사용하기 위해 준비되어 있는 것 같았다. 꽃 배달 책자를 보니 내가 영업 조직에 왔다는 것이 실감 났다.

"네, 안녕하세요. 어제 말씀드린 견적서는 오전 중에 보내드리겠습니다."

10시가 지나자 산발적으로 여기저기서 전화벨이 찌렁찌렁 울렸다. 놓치는 전화가 없도록 벨소리 크기는 모두 최대치였다. 여의도 지사는 항상 조용하던 센터에 비해 생동감이 넘쳤다. 선배들은 모니터 앞에 앉아 분주하게 문서 작업을 하며 각자 담당하는 고객사 또는 타부서 관계자들과 통화를 했다. 분주하게 돌아가는 사무실 속에서 나는 구름처럼 두둥실 떠 있었다. 첫날의 긴장과 여유로움을 느끼며 여의도 건물 출입 등록을 하고, 프로그램 권한을 신청하는 등 업무에 필요한 기본 세팅 작업을 했다.

"새빛씨, 명함은 사원 아니고 한 단계 올려서 대리로 파."

명함을 신청하려던 찰나 팀장이 말했다.

"고객사에 갔을 때 사원이라고 하면 잘 모를 것 같다며 무시당할 수도 있어. 실제로 더 높은 직급의 담당자로 변경해달라고 요청하는 케이스도 있고."

하지만 이렇게 직급을 올려 명함을 제작하는 것을 고객사도 어렴풋이 알기 때문에 직급을 들었을 때 한 단계 낮춰 생각하는 경우가 많다고 한다. 그렇기에 사원임에도 과장으로 명함을 파는 웃지 못할 경우도 있다고 한다.

"알겠지, 새빛 대리?"

사원의 역할을 하기도 전에 대리라고 불리는 것이 부담스럽고 간지럽기도 했지만, 묘하게 기분이 좋았다.

남은 일과 동안은 여의도 지사의 조직도를 보면서 선배들의 얼굴과 이름을 외웠다. 아직 모든 사람을 만나지는 못했지만, 마주쳤을 때 같은 부서 사람이라는 것을 알 수 있도록 옆 팀의 조직도 뚫어져라 봤다. 영업 지원 센터와 마찬가지로 여의도 지사 역시 직원들의 나이대가 어느 정도 있어 보였다. 1팀, 2팀, 3팀 30명을 통틀어서 과장 이하의 주니어 직원은 4명밖에 되지 않았다. 나를 제외한 주니어 직원은 모두 남자였지만, 여의도 지사 전체 성비는 남녀가 2:1로 생각만큼 불균형하지는 않았다.

처음에는 담당 고객사를 배정받지 않고 선배들을 따라다니기로 했다. 당장 영업에 투입되기에는 미숙한 면이 있기 때문에 선배들에게 인수인계를 받고, 고객을 어떻게 대하는지 배워야 했다. 유난히 더운 여름이었지만, 선배들은 매일 두 군데 이상의 고객사를 방문했다. 선배들은 항상 셔츠나 블라우스에 어두운 하의를 입었고, 나 또한 구두까지는 아니더라도 포멀하게 옷을 갖춰 입었다. 무더운 날씨에 옷까지 불편하게 입으니 열이 더 빨리 올랐다. 회사에서 나눠준 휴대용 선풍기는 부피만 차지할 뿐 크게 소용없었다. 교통이 좋지 않고 오르막에 위치한 고객사에 가는 날은 이마를 닦아도 땀이 멎지 않았다. 에어컨이 시원하게 틀어져 있지 않은 곳을 방문할 때면 바지가 살에 들러붙었다. 이렇게 고객사 두 곳을 방문하고 다시 사무실로 복귀하면 힘이 쏙 빠졌다. 사무실에 복귀하는 길에 선배와 아이스크림을 사 먹거나 카페에 잠깐 앉아 아이스 아메리카노를 마시곤 했다. 소소한 담소를 나누며 함께 마시던 커피가 하루의 활력소였다.

"지환씨랑 새빛씨 새로 왔는데, 환영회 해야지!"

배치받은 주의 금요일에 여의도 지사 전체 회식을 하기로 했다. 임사원이 "우리 건배사 준비해야겠지?"라며 건배사 이야기를 꺼냈다. 아무도 시키지 않았지만, 우리는 신입사원으로서 건배사를 준비해야 할 것만 같았다. 같은 팀 선배에게 물었더니 본인도 환영회 때 건배사를 했다며 식상하지 않은 건배사가 좋다고 조언했다. 식상하지 않은 건배사라……. 건배사를 준비하기 위해 구글에 검색해봤다. '이멤버 리멤버',

'미사일', '청바지' 등 어디서 한 번쯤 들어봤던 건배사들이 나왔다. 결국 회식이 많기로 유명한 회사에 다니는 친구에게 연락해서 건배사 아이디어를 얻기로 했다.

"건배사? 내가 건배사는 또 많이 봤지. 어른들은 신입사원의 패기를 보여주는 걸 좋아하더라고. 다른 팀에 누가 했던 건데, 신입사원으로 사행시 하는 거 알려줄게."

"우와, 건배사 하려고 사행시까지 지어? 진짜 준비 많이 한 사람인가 보다."

"응, 들어봐. 신! 신입사원 ○○○입니다. 선배님들 만나서 너무 반갑습니다. 입! 입사부터, 사! 사장이 되는 그날까지, 원! 원 없이 배우며 일하겠습니다!"

"사장? 포부 장난 아닌데?"

친구는 민망한 내용이라도 어른들은 패기를 좋아한다며 조언을 해주었다. 그녀는 유용하게 활용할 수 있는 건배사 몇 개를 더 알려주었다. 역시 회식이 많은 회사의 직원이라 기발한 건배사를 많이 알고 있었다. 임사원에게 '신입사원'으로 사행시를 하겠다고 말했더니 그는, "새빛아, 적당히 하자!" 하며 은근슬쩍 견제하기도 했다. 호탕하고 센스가 넘치는 임사원이 어떤 건배사를 준비할지 궁금했다. 여의도 지사의 모든 것이 낯설었기 때문에 동기와 함께 배치된 것에 감사한 생각이 들었다.

금요일 이른 저녁, 작은 식당 전체를 빌려 환영회를 시작했다. 대부분 외향적인 사람들이라 그런지, 환영회는 활기를 띠었다. 술을 강요하는 선배는 없었지만, 연이은 건배 제의에 나는 술잔을 계속 들었다. 새로운 사람들과의 첫 회식인 만큼 정신을 똑바로 부여잡고 소주를 한 잔, 두 잔 몸속에 채워 넣었다. 소주가 아무리 차가워도 알코올램프 같은 맛은 변함 없었다. 맛을 느끼고 싶지 않아 소주를 목구멍으로 바로 털어 넣고, 안주로 나온 파전을 얼른 입에 넣어 오랫동안 씹었다. 같은 테이블에 앉은 선배들이 안주를 챙겨주며 내가 대화에 합류할 수 있도록 질문을 많이 해주었다.

분위기가 어느 정도 무르익었을 때 아니나 다를까, 누군가 신입사원의 건배사를 듣자고 외쳤다. 옆 테이블에 앉은 임사원이 나에게 먼저 하라는 눈빛을 보냈다. 20명이 넘는 선배들이 초롱초롱한 눈으로 나를 바라보고 있었다. 나는 웃으며 잔을 들고 일어났다.

"음! 음! 안녕하세요!"

긴장되었다.

"신입사원 유새빛입니다!"

평소에 목소리가 큰 편은 아니지만, 사람들 앞에 섰을 때는 항상 당당한 모습을 보이려고 노력했다.

"먼저 여러 영업 지사 중에서 여의도 지사에 가장 오고 싶었는데, 이렇게 오게 되어서 너무 기분이 좋습니다."

아부성 멘트로 들릴 수도 있었지만, 선배들은 열심히 호응해주었다.

"배치받을 때 여러 선배들이 영업 힘들다고 겁을 너무 줘서 살짝 걱정했습니다. 하지만 직접 겪어보기 전에는 판단하지 않으려고 합니다!"

2팀장이 자리에서 "어머, 새빛씨 너무 멋있다! 나, 새빛씨 마음에 들어!"라고 말했다.

"선배님들 모두 건강하셨으면 좋겠습니다. 오늘 선배님을 따라 고객사를 방문했는데, 무더운 날씨에 다들 고생이 많으신 것 같습니다. 선배님들 그냥 숨만 쉬셔도 건강하시고 돈도 많이 버셨으면 좋겠습니다. 제가 '들숨에 건강을!' 하면 선배님들은 '날숨에 재력을!' 외쳐주세요. 들숨에 건강을!"

"날숨에 재력을!"

구호를 외치며 다 함께 술을 마시는 그 순간만큼은 나도 여의도 지사에 짧게나마 소속감을 느꼈다. 아직 여의도 지사에 온 지 1주일도 되지 않았기 때문에 모든 것이 낯설었지만, '시간이 지나면 진정한 애착과 소속감을 느낄 수 있겠지'라고 소주를 넘기며 막연하게 생각했다.

여의도의 꽃

　건물 화장실은 남녀 공용이었고 매우 오래돼 보였다. 나는 여기저기 때가 낀 세면대 거울 앞에 섰다. 볼은 살짝 빨갛지만, 표정은 또렷했다. 누가 봐도 바짝 긴장하고 있는 신입사원의 모습이었다. 소주를 반병 정도 마셔서 취기가 올라올 법도 했지만, 긴장한 탓에 취기는 느껴지지 않았다. 그보단 피곤했다. 무더위 속에서 외근을 하고, 소주를 한잔 두잔 마시고, 나를 포장하며 낯선 선배들과의 대화에 끼는 것은 에너지 소모가 컸다. 임사원과 나를 환영하기 위한 회식 자리였지만, 정작 나는 환영 회식이 부담스러웠다. 배에서 요동치고 있는 알코올이 '이제 사회생활이 시작된 거야'라고 말하는 것 같았다.

　화장실에서 잠시 숨을 돌린 후 식당으로 돌아오니 어느새 선배들은 호프집으로 이동한 후였다. 이렇게 술을 마셨는데 아직 7시도 되지 않은 시간이었다. 떨어지지 않은 해를 보며 오늘 하루가 참 길겠다고 생각했다.

호프집 계단을 홀로 올라가고 있는데 누군가 뒤에서 말을 걸었다.

"안녕하세요, 반갑습니다."

뒤를 돌아보니 계단 몇 칸 아래에 한 남성이 있었다.

"네, 안녕하세요."

그가 누군지 모르지만, 여의도 지사의 직원임이 확실했기 때문에 반갑게 인사를 했다.

"엇! 제가 누군지 아시나 보네요?"

50대 초중반으로 보이는 그는 화색을 띠며 말했다. 조직도를 뚫어져라 보며 익혔던 얼굴들이 어렴풋이 생각났고, 왠지 옆 팀의 직원이었던 것 같았다. 살짝 벗겨진 머리와 이마 주름을 보니 직급은 아마 차장이리라.

"2팀에 한차장님 아닌가요?"

나는 마치 알고 있다는 듯 자연스럽게 말했다.

"허. 모르면 모른다고 말을 하세요. 3팀에 최송훈 차장입니다."

기분이 상한 듯한 그를 보며 앞으로 어설프게 아는 척하지 말아야겠다고 생각했다.

"여의도 지사에 온 걸 환영합니다."

최차장은 몇 안 되는 계단을 올라가며 느릿느릿한 말투로 말했다.

"유새빛씨는 인자 여의도 지사의 꽃이에요."

그는 웃으며 나에게 꽃이라고 말했다. 오늘 처음 본 나에게 말이다. 당혹감을 느꼈다. 뭐라고 대답을 해야 할지 뇌를 열심히 쥐어짰지만 적절한 대답이 생각나지 않았다. 그래서 그냥 못 알아들은 척하기로 했다.

"네? 꼬치요?"

그리고 그가 덧붙이길,

"허허. 이런 걸로 미투하지 마시고요."

그는 웃으며 말했다.

'이게 웃긴가?'

나는 하나도 재미가 없었다. 미투를 얘기하는 순간 다행히 우리는 2층 호프집에 도착했다. 나는 더 이상 최차장과 이야기를 하지 않아도 되어 안도하고 있었다. 가깝게 지내면 좋을 것이 없는 차장이라고 생각했다.

나는 최차장과 함께 여의도 직원들이 앉아있는 가장 구석 자리 테이블로 걸어갔다. 몇 안 되는 여자 차장들은 왼쪽 테이블에 뭉쳐 앉아있었다.

"자, 새빛씨는 여기로 들어가세요."

순간 최차장은 내 허리를 감쌌고, 연이어 내 팔 안을 깊숙이 잡았다. 찰나의 순간이었지만 이 세상이 온통 나로만 채워진 것처럼 아무것에도 집중이 되지 않았다. 눈앞이 깜깜했다.

정신을 차렸을 때 나는 여자 선배들이 모여 있는 테이블에 앉아있었고, 최차장은 보이지 않았다. 심장이 미친 듯이 쿵쾅쿵쾅 뛰었고, 피부 밑에서 불을 지피는 것처럼 얼굴이 뜨거웠다. 당혹감과 수치심이 속에서 격하게 몰아치고 있었다.

'어떡하지? 지금 나 성추행 당한 거야? 지금이라도 소리쳐야 하나? 왜 다들 가만히 있지? 어떻게 해야 돼!'

혼란스러웠다. 하지만 나는 앉아있는 것 말고 아무것도 할 수 없었다. 이번에도 우과장 때와 같이 바로 불쾌함을 표현하지 못했다. 나 자신을 또 지키지 못했다. 한심하기 짝이 없었다.

가장 좋아하는 옷을 입은 날이었다. 여러 선배를 만나는 날이라서 아끼는 흰색 블라우스를 꺼내 입었고, 아침부터 빳빳하게 다림질도 했다. 설렘과 긴장을 안고 출근한 오늘이 최악의 방식으로 망쳐질 줄은 몰랐다. 나는 최차장의 손이 닿은 이 옷을 당장 벗어 쓰레기통에 처넣고 싶었다. 뜨거운 볼 위로 더 뜨거운 눈물이 흘렀다. 볼 위의 한줄기 눈물이 비현실적으로 느껴졌다.

화기애애했을 여자 선배들의 대화는 전혀 귀에 들어오지 않았다. 누가 볼 새라 휴지로 빠르게 볼을 닦았다. 눈물이 남아 흐릿한 시야로 임사원에게 카톡을 보냈다. 그도 옆 테이블 어딘가에 앉아있었으리라.

'3팀에'

'최차장님'

'성추행'

'허리 만졌어'

'팔 잡고'

'눈물 나'

'집중도 안 돼'

곧바로 답장이 왔다.

'지사장님한테 얘기하자'

지사장에게 얘기하면 답이 나올까?

이후의 시간을 꾸역꾸역 버텼다.

"OO차장님은 나이트 자주 가잖아. 거기 이름이 가을인가?"

"그래, 그 차장님 조심해야 돼. 하하."

여자 선배들은 웃으며 대화를 나누고 있었다.

'유부남인 OO차장이 가을이라는 나이트에 자주 간다고?

농담인가? 여기 뭐지? 영업에는 정말 이상한 사람들이 많은 건가?'

아무래도 나는 이 자리에 더 있지 못할 것 같았다. 집에 가고 싶어 미칠 것 같았다. 걱정스러운 눈빛으로 나를 지켜보던 임사원이 기회를 틈타 내 옆으로 자리를 옮겼다. 동기가 같은 테이블로 오니 조금 마음이 놓였다. 자리가 한차례 뒤섞이며 나는 임사원, 3팀장과 셋이 이야기를 나누게 되었다. 그런데 비어있던 내 오른쪽 자리에 갑자기 최차장이 앉았다. 순간 놀랐고 긴장되었다.

나는 경계했다. 최차장이 내 옆으로 자리를 옮긴 후 나는 그를 한 차례도 쳐다보지 않았고, 그 또한 그쪽 테이블의 사람들과 말을 하느라 나에게 말을 걸지 않았다. 나와 최차장 사이가 파도처럼 갈라진 것이다. 하지만 최차장이 점점 나에게 가까워지는 것이 느껴졌다. 혹시나 또 그가 내 신체를 만지는 것은 아닐까 무서웠다. 그는 앉아있는 채로 조금씩 내 쪽으로 다가왔고, 그가 가까이 왔다는 게 느껴지면 나는 임사원 쪽으로 엉덩이를 조금씩 이동했다. 그 행동을 반복하다 보니 결국 임사원과 거의 엉덩이가 붙을 지경이 되었다. 더 이상 도망칠 곳이 없었다.

나는 최차장이 더 이상 엉덩이를 들이밀지 않기를 바라며,

3팀장과 대화하는 중에도 온몸의 신경을 오른쪽에 집중시킨 채 긴장하고 있었다. 눈은 3팀장을 보고 있지만, 몸은 최선을 다하여 최차장을 경계하고 있었다. 불안하고 무서웠다.

'아까는 허리였는데, 이번엔 허벅지를 만질까?'

'징그럽게 껴안으면 어떡하지?'

지금이라도 아까 이 사람이 나를 만졌다고 3팀장에게 말해야 할까, 소리를 질러야 할까, 자리를 박차고 나가야 할까 여러 생각이 들었다. 상상 속의 나는 테이블을 박차고 일어나 소리를 지르고 있었다.

"탁."

그 순간 어깨 위에 무언가가 느껴졌다. 불안은 현실이 되었다. 고개를 돌려 오른쪽을 바라보니 최차장이 왼팔을 내 어깨 위에 걸치고 있었다. 그는 대화에 껴있지도 않은 나에게 어깨동무를 했다. 심지어 나를 바라보지도 않은 채!

더 멀리에 최차장이 오른팔을 걸치고 있는 김차장이 보였다. 김차장과 나는 최차장의 양팔이 각자의 어깨에 얹어진 채로 눈이 마주쳤다. 그녀는 어떠한 행동도, 어떠한 말도 하고 있지 않았다. 가만히 있는 김차장을 보니 최차장의 행동이 아무 문제 될 것 없이 자연스러워 보였다. 순간 굉장히 이상한 기분이 들었다. 이번만큼은 나도 망설이지 않고 최차장의 팔을 쳐서 내 어깨에서 떨어뜨렸다. 마음속으로는 테이블을 박차고 소리를 지르고 있었던 터라 팔을 떨쳐내는 것은 그리 어렵지 않았다. 자신의 팔이 떨어지자 그가 내 쪽을 바라봤다. 그의 얼굴이 내 얼굴과 꽤 가까이 있었다. 나는 최차장을 차갑게 쳐다봤다. 하지만 나는 눈빛으로만 항의할 뿐 아무 말도 하지 못했다. 그는 약간 당황했는지 "아……"라고 작게 소리를 내고, 다시 자신이 대화하던 사람들 쪽을 바라봤다. 다시 파도가 갈라졌다. 3팀장과 대화 삼매경이었던 임사원은 이제야 눈치를 챈 듯 무슨 일이 있었냐고 물었다.

"방금 최차장님이 내 어깨에 팔 올려서……."

그의 불쾌한 신체적 접촉이 두 차례나 이어졌지만, 나는 또 흐지부지 제대로 표현하지 못했다. 놀랍게도 아무도 이 일에 대해 지적하지 않았다.

한 병, 두 병 빈 술병이 늘어났고, 내 기분은 점점 더 바닥을 파고들었다. 감정을 주체할 수가 없었고, 일단 귀가해서 생각하고 싶었다. 9시가 조금 되지 않은 시간, '이제 집에 갈 수 있겠지'라고 안도하던 찰나 지사장의 말이 들렸다.

"3차는 노래방으로 갈까요?"

지사장은 웃으면서 노래방을 제안했다. '요즘에도 노래방 회식을 하나?' 하며 농담이겠거니 생각했는데 농담이 아니었다. 빠지면 안 될 것 같은 압박감을 느꼈지만, 지금 회식에 불참해서 이미지가 깎이는 게 대수인가. 나는 그런 것에 신경 쓸 여력이 없었고, 누가 뭐라 해도 집에 가기로 마음먹었다. 자리에서 일어나는데 아까 눈이 마주쳤던 김차장이 말을 걸었다.

"새빛씨, 아까는 최차장이 어깨동무해서 많이 놀랐죠?"

그녀는 얼핏 보아도 나보다 열 살 이상 나이가 많아 보였지만 나에게 존댓말을 사용했다.

"아, 네."

나는 어색하게 웃으며 대답했다.

"많이 놀랐구나, 그래도 바로 탁 치던데? 표현 잘했어요."

갑자기 목이 메고 눈물이 났다.

"새빛씨, 왜 그래? 아까 정말 많이 놀랐구나. 잠깐 앉아서 얘기 좀 해요."

나와 김차장은 호프집에서 나가다 말고 입구에 있는 테이블에 앉았다. 감정이 주체되지 않아 더욱 눈물이 났다. 무슨 일이 있었냐고 조곤조곤 묻는 김차장에게 나는 끅끅대며 최차장이 한 일을 털어놓았다.

"어깨에 손 올리기 끅······끅 더 전에도······ 끅 허리에 손······ 올리고······ 끅끅······."

아직 노래방에 가지 않은 몇 사람들이 울고 있는 나를 발견하고 테이블 주위로 모여들었다. 눈물 콧물 빼고 있는 내 모습이 부끄러웠다. 2팀장, 3팀장과 김차장이 테이블에 둘러앉았다. 김차장은 나를 달래며 휴지를 건넸다.

　　"아니, 그런 일이 있었어요? 그건 최차장님이 진짜 잘못했네. 새빛씨 잘못한 거 하나도 없어요."

　　김차장의 말에 주변에 있던 사람들은 동조했다.

　　"3팀장님! 최차장님 3팀이잖아요. 말 좀 확실하게 해주세요!"

　　김차장은 옆에 앉아있던 3팀장에게 책임을 물었다. 3팀장은 당황한 듯 보였다.

　　"새빛씨 정말 미안합니다. 제가, 당사자에게 확실하게 말해두겠습니다. 선배로서 너무나 미안하고, 정말이지 뭐라고 말씀드려야 할지……. 저도 다른 남자 차장님들이 좀 과하다 싶으면 제지하려고 항상 주의하고 있는데, 이런 일이……. 정말로 미안합니다."

　　3팀장은 최차장의 팀장으로서 열심히 사과했다.

　　"저도 그런 거 진짜 싫거든요. 진짜 미안합니다. 우리 기업 문화가 그런 건 아니니까 오해하지 말고 믿고 기다려주세요. 제가 다 정리할게요. 미안합니다."

　　3팀장은 여의도의 기업 문화에 관하여 그런 것이 아니라고 강조했지만, 그 말은 설득력이 떨어졌다.

"팀장님 이번에 제대로 주의 좀 줘요. 우리는 여의도에 오래 있어서 익숙한데, 외부 직원들이 여의도 지사 오면 깜짝 놀라요."

김차장이 말했다.

"네. 남자인 나도 당황스러울 때 있어요. 본인의 의도가 어쨌든 간에 상처가 됐으면 정말 미안해요. 옛날엔 노래방 가면 여직원 붙잡고 춤추고 그랬는데, 저도 그런 게 싫었어요. 주의를 시켜도…… 우리가 가볍게 넘어간 탓도 있어요. 미안해요. 기업 문화를 잘 다져놨어야 하는데…….""

3팀장은 연이어 사과하며, 최차장에게 주의를 시키겠다며 기다려달라고 말했다. 와중에 임사원과 주니어 남자 직원들이 다시 호프집에 들어왔다.

"3팀장님! 지사장님이 노래방에서 팀장님들이랑 새빛이 엄청 찾아요."

또래의 남직원들에게 울고 있는 모습을 보이는 게 부끄러웠다. 내가 약자이자 불쌍한 처지가 된 것 같았다. 모두 나를 보고 있었다.

"지사장님한테 저랑 새빛씨는 노래방 못 간다고 전해줘요. 둘이 좀 더 얘기해야겠어요."

김차장의 상황 정리로 나는 그녀와 단둘이 근처 카페로 갔다.

김차장은 나와 단둘이 되자 조심해야 할 사람 목록을 알려주었다.

"O차장, O차장, O차장 이런 사람들 조심해야 해요. 그리고 다른 사람들도 술 마시면 그런 면이 있을 수 있으니까 항상 조심해야 되고."

마침 우리 팀장이 뒤늦게 소식을 듣고 카페로 급하게 달려왔다. 팀장은 무슨 일이냐며 나에게 자초지종을 물었다. 처음에는 김차장이 상황을 설명하다가 미흡한 부분이 있어 내가 주도권을 잡아 설명했다.

'나는 왜 이걸 논리정연하게 팀장님한테 얘기하고 있나⋯⋯.'

설명을 하면서 씁쓸함이 몰려왔다. 나는 당혹스러운 일을 겪은 당사자임에도 스스로를 정돈하며 주변 사람들에게 상황을 설명했다.

"알았어. 내가 지금 최차장한테 바로 전화할게. 아주 단호하게 말해야 돼."

팀장이 핸드폰을 꺼내 들며 말했다.

"지금 술도 마시고 그래서 내일 전화하는 게 나을 거예요."

지금 전화를 걸겠다는 팀장을 김차장이 몇 차례 말린 후에야 팀장은 진정했다.

"새빛이가 상처를 많이 받았겠구나. 내가 앞으로 주의를 줄 테니까 걱정하지 마. 미안해. 정말 미안해."

팀장은 계속하여 나에게 사과를 하다가 갑자기 눈물을 흘리기 시작했다.

"우리 새빛이가 잘못한 거 아니야. 잘못한 거 아니니까……
흑…… 기죽지 말고…….."

팀장을 알게 된 지 겨우 5일이 되었는데 눈물을 흘리는 모습을 보니 조금 당황스러웠다. 사실 집에 있는 초등학생 딸이 생각나서 눈물을 흘리는 것 같긴 했지만, 딸을 가진 아빠로서 내 마음을 조금은 이해해주는 것 같았다.

"팀장님 왜 우세요. 아 정말, 팀장님이 왜 그러세요. 나도 울고 싶다. 팀장님이 잘못한 것도 아닌데 왜 우세요."

김차장은 어쩔 줄 몰라 하며 팀장을 달랬다.

"미안해, 미안해, 정말 미안해."

팀장은 훌쩍이며 말했다.

"그래요, 팀장님. 앞으로 여직원들한테 못 그러게 레이더 딱! 세워주세요."

"미안해, 미안해."

"새빛씨, 팀장님이 많이 속상하셨나 보다. 저도 옛날 생각들이 나는데, 막상 성희롱당하면 당황스러워서 표현 못 할 때가 많아요. 지나면 '아 그때 표현했어야 하는데!' 하고 생각이 나거든요. 새빛씨, 오늘 얘기 잘했어요."

김차장은 계속해서 내 편을 들어주었고, 팀장은 눈물을 닦고도 연거푸 미안하다고 사과했다.

"제발 저희를 그냥 직원으로 봐주셨으면 좋겠어요, 여직원이 아니라."

김차장이 팀장에게 말했다. 이 말을 들으니 김차장 또한 오랜 기간 성차별과 성희롱으로부터 자유롭지 못했을 것이라는 생각이 들었다. 사실 나는 김차장이 최차장에게 어깨동무를 당했을 때 아무런 대처도 하지 않는 모습을 보고 그녀가 피해자인 동시에 방관자라고 생각했다. 그런 김차장의 모습에서 영업 지원 센터 민차장이 겹쳐 보였다. 우리는 그냥 참고 산다며, 참는 것이 회사를 오래 다닐 수 있는 비법이었다고 말하는 여자 선배들은 센터에만 있는 것이 아니었다. 여의도도 센터와 별반 다르지 않은, 아니 더했으면 더했지 덜한 것 같지 않았다. 왜 그 많은 사람이 피해자이자 방관자가 될 수밖에 없는 걸까. 도대체 어디서부터 잘못된 걸까.

위에서 위액이 나와 속이 쓰리듯 가슴이 쓰라렸다.

서툰 사람들

임사원과 나는 회식 장소에서 1시간 떨어진 회사 사택으로 귀가하고 있었다. 출발하고 몇 정거장이 지났을 때 지사장에게 전화가 왔다.

"새빛씨, 아까 좀…… 그런 일이 있었다며? 지금 만나서 얘기 좀 할까?"

지사장은 평소와 같은 목소리로 '좀 그런 일'에 대해 이야기했다.

"이미 지하철 타고 20분 정도 지났고, 시간도 너무 늦어서 월요일에 얘기했으면 좋겠어요."

나는 어색하게 웃으며 대답했다. 지사장의 요구이니 웬만하면 받아들이겠지만, 지금은 사람들을 만날 마음이 없었다.

"벌써 지하철 탔어? 나는 새빛씨가 아까 노래방에 안 오고 카페 간다고 하길래, 집에 갈 때는 인사하고 갈 줄 알았지."

노래방에 불참한 사실과 인사를 하지 않은 사실을 지사장이 직접적으로 언급하니 부하 직원으로서 압박감을 느꼈다. 그녀와 나의 직급 차이를 인지하게 하는 말이었고, 왠지 죄송하다고 말해야만 할 것 같았다.

"회식한 곳에서 사택이 많이 먼가? 다시 돌아오면 안 되나?"

"네. 저는 집에 가고 싶어요."

지사장은 다시 돌아오라는 요구를 반복했고, 거듭하여 거절해야 하는 나는 가시방석에 앉은 것 같았다.

"지금 만나서 얘기하고 싶은데. 어느 역이야?"

"광화문이요. 이미 많이 왔어요."

"아, 광화문? 다시 오는 건 힘드려나?"

나는 사과조차 내가 원하는 때에 받을 수 없는 걸까. 왜 사과의 시점을 제삼자가 강요할까. 계속 거절해도 같은 요구를 반복하는 그녀가 불편했고, 한편으로는 무례하다는 생각이 들었다. 뭐라고 대답해도 지사장은 쉽게 포기할 것 같지 않아서 나는 대답하지 않았다. 침묵이 이어졌다.

"……."

"그럼 내가 3팀장님이랑 최차장님이랑 지금 택시 타고 새빛씨 집 앞으로 갈게. 최차장님도 지금 사과하고 싶다고 하고, 새빛씨 집 앞 카페에서 잠깐 얼굴 보는 거로 하자."

그녀는 목소리가 살짝 빨라지긴 했지만, 언성을 높이지는 않았다. 우리의 대화는 남들이 듣기에 평상시와 다를 바 없을 것이다.

"벌써 11시고, 다들 술도 많이 드신 상태라서…… 월요일에 뵙는 게 좋을 것 같아요."

여러 이유도 있지만, 무엇보다 지금 내 마음이 정리되지 않은 상태에서 최차장을 보고 싶지 않았다. 성희롱을 당했을 때 더는 스스로에게 화살을 돌리지 않도록 이번 일은 충분히 고민하고 싶었다.

"아 그래? 지금 가도 괜찮을 것 같은데."

지사장은 내 마음을 전혀 모르는 것일까 아니면 사건에 책임이 있는 직책자이기 때문에 내 마음을 모른 척하는 것일까. 지사장과 나는 밀고 당기는 시늉만 할 뿐 양보할 생각이 없었다.

내가 거듭 거절하자 지사장은 방향을 바꿔 회식 때 무슨 일이 있었는지 묻기 시작했다. 나는 이미 3팀장, 김차장, 우리 팀 팀장, 임사원에게 여러 차례 설명한 후였기 때문에 지친 상태였다. 내가 겪은 성희롱을 내 입으로 반복해서 설명하고, 거기에 남들이 질문하면 구체적으로 대답까지 해야 하는 상황이 그리 유쾌하지 않다. 게다가 북적이는 지하철 안이었다. 하지만 지사장은 여의도 지사의 전설답게 능숙하게 대화를 리드했다.

"아까 들어보니까 최차장이 어깨동무했다며?"

"네."

"동료들끼리 어깨동무 정도는 할 수 있지."

내 귀를 의심했다.

"그런데 최차장님은 새빛씨가 신입이고 귀여워서 그런 표현 중의 하나로 한 것 같은데……."

나는 동료들끼리 어깨동무 정도는 할 수 있고 귀여워서 그럴 수 있다는 말을 듣고, 그건 확실하게 틀렸다는 생각이 들었다. 더 이상 그녀와 적당히 밀고 당기기를 할 수 없는 수준의 발언이었다.

"아뇨. 귀여워서 그랬다고 해도 상대방이 기분 나쁘면 성희롱인 거죠."

아무리 지사장의 말이지만, 나는 그녀의 말을 끊고 반박했다.

"아 그래. 그렇지, 그렇지. 상대방 의사가 중요한 거지."

지사장은 말을 바꾸어 내 말에 동의했다.

"그리고 어깨에 손만 올린 게 아니었어요."

나는 사람이 많은 지하철 안에서 내가 겪은 일을 다시 한번 말했다. 또다시 택시를 타고 가면 안 되느냐는 지사장의 제안을 거절한 후에야 전화를 끊을 수 있었다. 곧이어 임사원의 핸드폰이 울렸다. 지사장이었다. 지사장은 임사원에게 어디쯤 갔는지, 내가 어떤 상태인지 등을 확인하고 전화를 끊었다. 내 핸드폰이 울렸다. 우리 팀장이었다. 우리 팀장은 '월요일부터 1주 동안 휴가를 가게 되는 터라 당분간 못 보지만 회사 생활 잘하고 있어라. 미안하다'고 말하고 끊었다. 그다음에는 김차장에게 잘 들어가라는 전화가 왔다. 네 차례의 전화가 끝난 후에야 조용히 집에 갈 수 있었다.

네 통의 전화를 끊고 나니 괜히 지하철에 탄 사람들의 시선이 의식되고 민망했다. 나는 지하철 좌석에 걸터앉아 무력함과 슬픔, 짜증을 느끼며 생각에 잠겼다. 지사장의 말이 계속 맴돌았다. 누군가가 귀여우면 귀여움의 표현으로 신체에 함부로 손을 대도 된다는 말인가. 지사장의 말을 듣고 여의도의 기업 문화를 짐작할 수 있었다.

마침 여의도 지사 단체 카톡방에 사진이 올라왔다. 지사장과 20대 남성인 정사원의 사진이었다. 노래를 하고 있는 정사원을 지사장이 뒤에서 반쯤 안고 있었다.

그 사진을 보니 여의도의 기업 문화에 대해 긍정적으로 생각할 수 없었다.

힘들었던 금요일이 지났다. 어떻게 잠을 잤는지 모르겠다.

토요일 아침, 모르는 번호로 전화가 걸려왔다. 아무 생각 없이 받은 전화는 최차장의 직상급자인 3팀장이었다. 어제 3팀장은 나에게 사과하며 최차장을 주의시키겠다는 말을 반복했다. 충분히 이야기한 터였기에 왜 3팀장이 주말 아침에 전화를 걸었는지 의문이 들었다.

"허허. 컨디션은 좀 어떠세요?"

3팀장은 내 기분을 고려하는 듯 사람 좋은 웃음을 보이며 안부를 물었다. 처음 만났을 때 느껴졌던 무심함은 사라지고 없었다. 그는 오늘이 주말이기는 하지만 만나서 이야기를 나누고 싶다고 했다. 월요일에 만나면 될 텐데 지사장을 비롯한 직책자들은 월요일까지 기다리지 못하고 서둘러 사과 자리를 만들려 했다.

직장 내 성희롱이 큰 리스크라는 것을 인지했기 때문일까. 비록 소는 잃었지만 서둘러 외양간을 고치려는 것일까. 그렇다면 소를 잃기 전에 예방을 잘했어야 하는 것 아닌가. 예방과 사후관리에서 느껴지는 온도 차가 지극히 현실적이었다.

급한 직책자의 마음과 별개로 나는 놀란 마음을 진정시키고 생각을 정리할 시간이 필요했다. 생각이 정리되지 않은 채 사람들을 만나면 무엇이 되었건 휩쓸릴 것 같았다. 나는 월요일까지 생각할 시간을 갖고 싶다고 말했고, 3팀장은 그럼 월요일 오전에 사과 자리를 만들겠다고 했다.

최차장의 사과를 받기로 한 월요일이 되었다. 오지 않았으면 하는 월요일이었다. 나는 출장 때문에 여의도 지사가 아니라 종로 지사에서 정사원과 둘이 업무를 하고 있었다.

여의도로 출근한 임사원이 여의도 지사의 현황을 카톡으로 전해왔는데, 소문이 이상하게 난 모양이었다. 어깨만 살짝 만진 것 아니냐고 다들 임사원에게 슬쩍 물어보는 것 같았다.

'최차장님이 친한 팀 아저씨들한테 자기는 성희롱한 적 없다고, 어깨에 잠깐 손을 올렸는데 억울하다고 펄펄 뛰었대. 자기는 도무지 그런 기억이 없다고.'

나는 최차장에게 혹여나 다른 행동 없이 어깨에 손만 올렸으니 성희롱이 아니라고 생각하는 것인지 묻고 싶었다. 임사원은 최차장이 자리를 비웠을 때 어깨 말고 다른 행동도 했다며 다른 직원들에게 설명했다고 했다. 3팀 분위기가 뒤숭숭할 것 같았다. 내 동기 임사원과 최차장 두 명이 모두 3팀이니 누구도 이 사건에 대해 함부로 말하지 못했을 것이다.

최차장이 '기억이 나지 않는다'라고 말했다는 얘기를 전해 듣고 불안감이 엄습했다. 과연 사과 자리에 나간들 최차장은 사과를 할까? 기억이 나지 않는다고 말하는 건 아닐까? 걱정되었다. 가장 두려운 것은 그의 얼굴을 마주하는 것이었다. 무섭고 불안했다. 점심시간이 지나고 3팀장으로부터 종각역에 도착했다는 연락을 받았다. 정사원과 함께 약속한 카페로 향하는 발걸음이 천근만근이었다. 따스한 햇볕이 무심하게 느껴졌다.

"카페에 가기 전에 누가 그랬는지 알려주면 안 돼요?"

정사원은 금요일에 내가 눈물 콧물 빼는 것을 보았지만, 자세한 상황은 모르는 것 같았다. 그는 행위자가 누군지 궁금한 눈치였지만, 나는 말하지 않았다. 카페에 거의 도착했을 때 통유리를 통해 3팀장과 최차장이 앉아있는 모습이 보였다.

"아, 역시……."

정사원이 작게 혼잣말을 했다. 그의 혼잣말을 들으며 '최차장은 평소에도 그런 이미지군'이라고 생각하며 카페 안으로 들어갔다.

최차장, 3팀장, 정사원, 나 이렇게 네 사람은 어색하게 인사하고 커피를 주문했다. 3팀장이 연신 허허 웃으면서 대화를 주도했다. 처음에는 대화가 업무 이야기로 겉돌았지만, 이내 최차장이 느릿느릿한 말투로 미안하다고 사과하기 시작했다.

"먼저 너무 미안합니다. 제가 옆에 앉아서 어깨에 손을 올렸죠? 새빛씨가 깜짝 놀라시더라고요. 그래서 저도 놀랐어요.

이렇게 충격을 받은 줄 모르고 미안하다고만 말하고 잊어버렸어요. 너무 죄송합니다. 혹시 제가 다른 것도 했나요?"

최차장은 역시나 어깨동무한 것에 대해서는 사과했지만, 이외의 행동은 기억이 나지 않는다고 말했다. 3팀장이 허리를 좀 만졌다고 덧붙였더니 최차장은 깜짝 놀라 되물었다.

"제가 허리를 안았어요? 제가 어깨를…… 만지고 방향을 틀고 허리를 만졌나요?"

분명 최차장은 사전에 3팀장이나 다른 사람을 통해 허리를 만졌다는 이야기를 들었을 텐데 소스라치게 놀라며 상세한 경위를 물었다.

3팀장이 양손을 사용한 제스처와 함께 "허리를 한 번에 이렇게……"라고 최차장에게 설명했다. 최차장의 이해를 돕기 위한 부연 설명이었지만, 당시의 상황을 타인이 구체적인 언어와 제스처로 묘사하니 민망했다. 설명을 듣고 있는 최차장의 입이 반쯤 벌어져 있었다. 최차장이 정말 기억을 못 하는 것인지, 못 하는 척하는 것인지 알 수 없었다.

"기억을 못 하시다니…… 혹시 술을 많이 드셨나요? 그럼 저한테 여의도의 꽃이라고 말씀하신 거는 기억하세요?"

나는 최대한 담담한 목소리를 내려고 노력했다.

"아, 그때 어깨동무해서 놀랐을 때요?"

최차장은 눈을 크게 뜨고 질문했다.

"아뇨. 호프집 들어가면서 저한테 여의도의 꽃이라고 말씀하시면서 이런 거로 미투하지 말라고 얘기하셔서 못 들은 척하고 넘겼거든요. 그런데 자리에 들어갈 때 팔 안쪽을 잡으시면서 허리에도 손 올리셨잖아요. 너무 당황해서 그 순간 아무 말도 못 했어요."

"아…… 그러면 2차에서 제가 그랬다는 말씀이에요?"

그가 기억을 더듬으려는 듯 인상을 쓰자, 살짝 벗겨진 이마에 주름이 깊어졌다.

"네. 차장님이 그다음에 어깨동무하셨을 때 제가 바로 뿌리칠 수 있었던 이유는 또 만지면 바로 조치를 취해야겠다고 생각하고 신경을 곤두세우고 있었기 때문이에요. 그래서 어깨에 손을 올리셨을 때 바로 칠 수 있었어요."

나는 주말 동안 준비한 말을 했다.

"아…… 제가 어깨에 손 올린 건 두 번째였다는 거죠?"

최차장의 표정이 어두워졌다.

"처음에 만졌을 땐 최차장님이 인지를 못 하신 거고, 이후 어깨에 손을 올렸을 땐 새빛씨가 화들짝 놀란 표현을 해서 그때부터 최차장님이 기억을 하는 것 같아요."

3팀장이 보충 설명을 하는 와중에 옆 테이블의 웃음소리와 커피기계 소리가 웅웅 울렸다.

"아, 그건 정말…… 전 그건 전혀 기억이 안 나서…… 정말 저도 주말 내내 다른 뭐가 있나 싶어서 고민해봤는데, 저는 2차 때 어디에 앉았는지도 기억이 안 나거든요. 혼자 담배 피우다가 나중에 들어갔는데……. 그럼 테이블 배치할 때 제가 들어가라고 했다는 거죠?"

최차장은 당황한 듯 횡설수설 말했다. 나는 금요일부터 지금까지 수치심과 불쾌감 등 평소에 느낄 일 없는 감정에 휩싸여 있었는데, 최차장은 기억이 나지 않는다는 말을 연거푸 해대며 당시 상황을 재차 물어 나에게 피해 입었음을 입증하게 했다. 나는 짜증이 나기 시작했다.

"최차장님, 제가 이해가 안 되는 건, 스킨십이 사회생활에서는 조심해야 할 부분이잖아요. 저는 그날 차장님을 처음 봤는데, 만나자마자 그렇게 만지시고, 그걸 기억도 못 하고 인지조차 못 했다는 게 이해가 안 가요. 사실 그건 정말…… 예의가 아니잖아요. 그리고 어깨동무는 저랑 김차장님한테 동시에 하신 거잖아요. '이 사람들에게 어깨동무 정도는 해도 되겠다'라고 생각하시니까, 여직원에게 스킨십을 하는 게 이상하지 않은 분위기니까, 그렇게 행동하신 거죠?"

내 입에서 빠른 속도로 말이 터져 나왔다.

"정말 죄송합니다. 나는 거기까지는 생각을 못 했어요."

그는 거듭 사과했다.

"우리 조직이 연령대가 있어서 이런 걸 인지하지 못했을 수 있어요. 여의도 지사가 고쳐나가야 할 부분이에요. 또 오래간만에 회식을 하다 보니까 최차장님이 기분이 좋아서 오버하신 거 같아요. 진짜 잘못하신 거죠. 어찌 되었건 잘못하신 거고, 말 한마디 하는 거도 상대가 불쾌감을 느끼면 고쳐야 하고요."

3팀장이 최차장의 사과에 덧붙여 말했다. 정사원은 아무 말 없이 지켜보고 있었다.

"정말 죄송합니다. 아…… 왜 나는 새빛씨를 못 봤다고 생각했지? 그 정도로 취하진 않았는데…… 계단 올라갈 때도, 제가 늦게 올라갔나요?"

최차장은 연이어 사과하며 본인의 행동을 재차 물었다.

같은 얘기가 되풀이되었다. 미안하다고 말하면서도 기억이 나지 않는다며 상황을 설명해달라는 최차장, 중재하며 잘못된 건 잘못되었다고 이야기하는 3팀장. 그때 정사원이 처음으로 입을 열었다.

"의식하면 기억하셨을 텐데, 의식을 못 했으니……."

그는 테이블 끝을 내려다보며 아련하게 중얼거렸다. 내 머릿속에 물음표 100개가 떠올랐고, 그가 이어서 할 말에 대한 불안감이 피어올랐다. 3팀장이 덧붙였다.

"맞아요. 최차장님이 의도한 뭔가가 있었으면 기억을 했을 거예요."

정사원과 3팀장은 최차장이 아무 의도 없이 나를 만진 것이라고 말하고 있었다. 아무 의도 없이 남을 만지고 의식하지 못했으면 성희롱의 무게가 줄어드는가?

아니, 내 생각은 달랐다. 의식이라는 단어가 증명하는 것은 여의도 지사의 남성 중심적인 분위기와 최차장의 무의식에 깔려 있는 여성 혐오적 가치관뿐이다. 또한, 성희롱은 의도와 상관없다. 어떤 의도를 가졌든 간에 사회의 객관적인 상식과 피해자가 느끼는 바가 중요하다. 전사 성희롱 예방 교육에서 반복적으로 다루는 내용인데 어떻게 이 기본적인 사실을 모를까. 최차장이 내 마음속에 장작을 쌓았다면, 의식과 의도를 언급하며 성희롱의 무게를 논하는 정사원과 3팀장은 장작에 기름을 부었다.

"정현석 사원님, 새빛씨가 여의도 지사 분위기를 많이 오해하실 것 같은데, 전혀 그렇지 않다고 같은 주니어로서 잘 설명 좀 해주세요."

3팀장은 이야기가 어느 정도 마무리되어간다고 생각했는지 정사원에게 여의도 분위기를 나에게 설명해달라고 했다.

"새빛씨, 만진 사람이 최차장님이라고 했을 때 지사 사람들 다들 엄청 깜짝 놀랐어요. 제가 여기 올 때까지만 해도 이상하다고 생각했어요. 최차장님이랑 여러 번 함께 일한 적이 있는데, 전혀 그런 분이 아니거든요. 뭐 남자다 보니까 음담패설 좋아하는 차장님들이 다른 지사에 있긴 해요. 그런데 최차장님은 그런 것이 한마디도 없었거든요. 이런 인과가 없는 상태에서 갑자기 최차장님이라고 하니까……. 고의는 절대 아닐 거예요. 그냥 너무 반갑고, 또 남녀 구분 짓는 분이 아니라서 그러신 것 같아요. 앞으로 최차장님이 많이 조심하시면 괜찮을 것 같아요."

이상했다. 정사원은 최차장인 걸 모르는 상태로 카페에 왔고, 카페에 들어올 때 '아, 역시'라고 말했다. 카페에 들어오기 전후 180도 다른 그의 태도에 충격을 받았다. 정사원의 발언은 여러모로 불편했다. 정사원이 앞뒤가 다른 모습을 보인 이유는 아마 여의도 지사를 대변하여 내가 이곳에 잘 녹아들도록 도우려는 취지였을 것이다. 그의 입장은 알겠지만, 잘못된 방법이라고 생각했다.

"맞아요. 그날 회식 때 좋은 안주가 많아서 최차장님 기분이 많이 업 되었던 것 같아요. 어우 너무 기분이 좋다면서! 기분도 좋고 그래서 의식 못 하고 그랬던 것 같아요. 평소에 절대로 그런 분 아니에요."

3팀장은 평소와 다르게 오버하며 말했다. 3팀장에게 일상 생활에서 나쁜 사람이어야 성희롱을 하는 건 아니라고 반박하고 싶었다. 나는 사과 자리에서 이렇게 성희롱을 한 사람의 평소 행실을 이야기하는 것이 옳지 않다고 생각한다. 논지가 흐려지니까.

최차장은 조용히 두 사람의 해명을 듣고 있었다. 사과가 통했다는 생각이 들었는지 최차장이 희망에 찬 표정으로 나를 바라봤다.

"그럼, 저를 용서해주실 수 있겠습니까?"

안경 너머로 느껴지는 그의 그윽한 눈빛은 나의 용서를 바라는, 희망에 찬 눈빛이었다.

"네?"

나는 되물었다. 그는 이 대화의 어느 부분에서 인과관계를 얻어 '그럼'이라는 표현을 사용한 것일까. 대화를 하면 할수록 마이너스 효과뿐이었는데.

"저를 용서해주실 수 있겠냐고요."

나는 주말 동안 고민했지만, 결정을 못 내린 상태였다. 하지만 세 사람과의 대화를 통해 갈 길이 확실해진 것 같았다. 나는 느낀 점들을 종합하여 차분히 말했다.

"일단…… 금요일 밤부터 직책자분들의 전화를 받으면서 느껐던 건, 성희롱이 심각한 사건이라는 것을 인지는 하시면서 안 해도 될 말들을 덧붙이고 계세요. 사과로만 끝나면 될 텐데, '그럴 의도는 아니었을 것이다', '원래는 그런 사람이 아니다', '신입이라서 귀여워서 그랬을 것이다' 등, 이건 명백한 2차 가해라고 생각해요. 방금 정사원님이 말씀하신 것처럼 원래 차장님이 어떤 사람이든 그런 얘기는 사과 자리에서 해서 좋을 게 없다고 생각해요. 주말 동안 생각을 많이 했습니다. 차장님이 사과하셨지만, 좀 더 상부에 이야기해서 조치를 취하고 싶습니다. 왜냐면 여의도 지사만의 문제가 아니라 다른 조직에서도 겪었던 일이고, 그때도 개선이 제대로 되지 않았어요. 먼저 최차장님한테 말씀을 드리고 절차대로 하는 것이 맞다고 생각해서 이렇게 말씀드려요. 절차대로 하겠습니다."

갑분싸도 이런 갑분싸가 없을 것이다. 내가 가진 용기를 모두 쥐어짜서 절차대로 하겠다고 선언했다. 내 나이의 두 배에 가까운 3팀장과 최차장이 찾아와 사과하고 아쉬운 소리를 하는 게 부담스러웠지만, 용기를 냈다. 더는 이런 일을 겪는 사람이 없길 바랐다. 최차장은 얼떨떨한 표정으로 받아들이겠다고 이야기했고, 사과 자리는 끝이 났다.

정사원과 나는 어색하게 함께 근무지로 걸어왔다. 걸어오는 동안 아무 말도 하지 않았다.

가장 다치는 사람

여의도 지사로 배치받은 지 고작 1주일이 지났기 때문에 마음을 털어놓을 수 있는 선배가 없었다. 또한, 누가 나의 편이 되어줄지 확신할 수 없었다. 그렇기에 2주 전까지 같은 팀이었던 이대리에게 상담을 요청했다. 상의하고 싶은 일이 있다고 메신저를 보냈더니 이대리는 무슨 일인지 묻지도 않고 알았다고 했다. 카페에서 만난 이대리는 사뭇 진지한 표정이었다.

"제가 무슨 이야기 할지 혹시 아세요?"

"사실 여의도 지사에 있는 동기 통해서 회식 때 있었던 일 들었어요."

고작 주말 사이에 소문은 여의도에서 서울 전체로 확장된 것 같았다.

"아…… 역시 소문이 참 빨라요."

어색한 침묵이 흘렀다. 이대리는 어떤 위로도, 동조도 보이지 않았다.

"대리님은 어떻게 생각하세요? 예전에 영업 지원 센터에 있을 때도 그렇고 어느 조직에나 문제가 많은 것 같아요. 더 이상은 그냥 넘기지 못하겠어요."

예전에 센터장이 나와 이대리를 엮는 불편한 발언을 했을 때, 이대리는 나에게 '사회생활이니 그러려니 하고 넘어간다'고 했었다. 사회생활을 위해 자신의 감정을 컨트롤하고 적당한 처세술을 가진 선배의 시각에서 육체적 성희롱을 어떻게 생각할지 궁금했다.

이대리는 천천히 입을 열었다.

"절차대로 하는 거는 좀 더 신중하게 생각했으면 좋겠어요."

예상과 크게 다르지 않은 대답이었다. 하지만 선배의 입으로 직접 들으니 기운이 빠졌다.

"네. 주변에서 저를 어떻게 생각할지 걱정이 돼요. 절차대로 한다는 게 어떻게 보면 내부고발자로 보일 수도 있을 것 같아요."

성희롱을 신고했을 때 나에게 어떤 일이 벌어질지 예측할 수 없었다. 다만 주변에서 고운 시선만을 받을 것이라고 생각하지는 않았다.

"새빛씨, 만약 절차대로 하게 되면 누가 가장 다치게 될지 생각해보세요. 그걸 생각해본 후에 결정하세요."

그는 또렷한 눈으로 나를 바라봤다. 누가 가장 다칠지 라⋯⋯. 질문의 답은 정해져 있었다. 앞으로 이 직무에서 뿌리를 내려야 할, 배치받은 지 1주일도 되지 않은 신입사원. 바로 나였다.

"새빛씨가 서울 지역 법인영업 직무로 입사했는데, 만약에 절차대로 한다면? 여의도 지사장님한테도, 법인영업 담당 상무한테도 분명 인사 면으로 안 좋은 영향이 갈 거예요. 새빛씨는 앞으로 영업 직무에서 계속 경력을 쌓아야 하는데 직책자들과 등을 지게 되면 어떻게 될까요? 그리고 나중에 여의도가 아니라 서울의 다른 지사로 새빛씨가 인사이동을 한다고 해도 사람들은 이미 다 알 거예요. 내부고발자라는 타이틀이 주홍글씨처럼 새빛씨를 따라다닐 수 있어요."

'예민한 사람', '내부고발자'라는 꼬리표는 입사한 지 1년도 되지 않은 신입사원이 감당하기에는 가혹해 보였다. 소문은 내 발걸음보다 빨리 사람들에게 도착할 것이다. 나는 처음 만난다고 생각하는 사람도 이미 나에 대한 소문을 듣고 나에 대한 판단을 마친 후일 것이다.

"새빛씨는 우리 회사 10년 이상 다닐 거잖아요. 우리 회사는 평판이 정말 중요한 거 알죠?"

사내에서 다른 부서와 협업할 일이 비일비재하고, 인사이동을 할 때 직전 부서에 평판 체크를 하니 어떻게 보면 회사에서의 평판은 업무 능력만큼 중요한 것이었다. 앞으로 내가 이 회사에서 성장해나갈 때 장애물이 생길 수 있다는 두려운 마음이 들었다.

"새빛씨, 그리고 여의도 지사에 새빛씨가 이번에 겪은 성희롱이 처음이 아니라고 소문이 났더라고요. 물론 저는 새빛씨와 이전에 같은 팀에 있었기 때문에 두 사건 다 새빛씨 잘못이 아니라는 걸 알고 있지만, 솔직하게 말씀드리자면……."

솔직하게 말한다며 말을 흐리는 이대리를 보고 불안한 마음이 들었다.

"제삼자의 입장에서는 '쟤가 이상한 사람 아닌가?', '쟤가 사건을 만들고 다닌다' 이런 생각을 할 수 있다는 말이죠. 이미 새빛씨가 성희롱을 두 번 당했다는 것에서 의아해하는 사람이 있었어요. 이 얘기를 들었을 때 '또?'라는 식으로 반응할 수 있죠."

그 말을 듣고 망치로 머리를 맞은 듯 멍했다. 사람들은 내가 다른 팀에서도 성희롱을 당했다는 이야기를 들었을 때 회사의 환경이 아니라 나에게서 문제를 찾고 있었다. 주홍글씨는 이미 새겨진 것 같았다. 소문은 행위자의 이름이 가려진 채 내 이름과 함께 날개를 달고 날아갔다.

"시간이 얼마 지나진 않았지만, 혹시 지금 많이 힘든 거예요?"

"일단 그 사람을 다시 보고 싶지 않은 마음이 커요. 사과도 받았고, 앞으로는 주의할 거란 걸 알지만, 그 사람을 만났을 때 마음이 진정되지 않을 것 같아요. 그리고⋯⋯ 왜 남의 몸에 손을 대는지, 제 상식에선 이해가 되지 않고요."

"제가 보기에 새빛씨가 지금 감정적으로 정리가 덜 된 것 같아요. 시간을 두고 생각해볼 필요가 있지 않을까요? 사실 이 일이 미투처럼 사회를 떠들썩하게 만든다거나, 누가 들어도 '와 저 새끼는 진짜 나쁜 사람이다'라고 할 만큼의 일은 아니잖아요."

이대리는 조심스럽게 말했다. 처음과 마찬가지로 그는 평소와 다르게 감정을 보이지 않고 차분히 말했다.

"네, 죽을죄까지는 아니긴 하죠⋯⋯."

"좀 더 시간을 두고, 새빛씨 마음이 가라앉기를 기다려보는 것도 좋을 것 같아요."

내가 감정 정리가 덜 된 상태인 것 같다는 말을 들으니, 내 모습이 그에게 '감정이 앞서고, 일을 만드는 사람으로 보였을까'라는 생각이 들었다. 누구나 육체적 성희롱을 겪으면 나처럼 화가 나지 않을까? 다른 피해자들은 힘든 일을 겪어도 사회생활이기 때문에 자신의 감정을 조절하며 '이성적'으로 대응하는 걸까? 그렇게 꾹꾹 누르고 한없이 참기만 했던 걸까? 그들의 속은 타들어 가지 않고 괜찮았을까?

이대리의 말을 곰곰이 생각해봤다. 그의 말에 틀린 부분이 하나도 없었다. 절차대로 했을 때 피해자가 다치게 되는 구조라는 것, 이 불합리한 현실 때문에 직장 내 성희롱 피해자들이 신고를 고민하다가도 결국 조용히 넘어갔을 것이다. 그렇기 때문에 이대리는 절차대로 하는 것에 좀 더 신중을 기하라고 말했을 것이다. 하지만 나는 서운함을 느꼈다. 이대리는 멀리서 바라보며 객관적인 말을 할 뿐, 나를 위로해주거나 지지해주지 않았다. 이대리에게 내가 겪은 성희롱은 본인이 절대 겪을 일 없는 다른 행성의 이야기처럼 느껴졌을까.

사과를 받은 월요일, 나는 많은 사람을 만났다.

소문은 순식간에 퍼져 서울 지역 영업 지사의 인사를 담당하는 조직기획팀의 한팀장, 심지어 상무의 귀에도 들어갔다. 정사원과 일하고 있던 나를 한팀장이 문자로 호출했다. 회의실로 나를 부르더니 사건에 대해 물었다. 앞으로 몇 명의 직책자에게 얼마나 더 설명해야 할지 알 수 없었지만, 당분간은 이렇게 여러 직책자에게 불려 다니며 내가 겪은 일을 내 입으로 설명하는 생활이 이어질 것 같다는 생각이 들었다.

한팀장은 지난주의 회식부터 사과까지의 이야기를 다 들은 후 화를 냈다.

"뭐? 허리를? 어디 세상 무서운 줄 모르고. 심지어 지난주는 성희롱 예방 교육 기간이었잖아! 그 기간에 성희롱을 해? 진짜 말도 안 되는 사람이야."

한팀장은 평소 나에게 '너를 좋게 보고 있다' 등 긍정적인 표현을 자주 하는 사람이었다. 그녀는 내 표정을 살피더니 "너……많이 울었구나. 그래 많이 힘들었지" 하며 다독여주었다.

"새빛이 너를 종로 지사로 옮겨줄까? 종로 지사장님이 너되게 좋아하시거든. 여의도 지사로 배치받은 지 2주일도 안됐잖아. 이번 주 내로 종로 지사로 옮겨줄 수 있어. 아니면 영업 지원 센터로 다시 돌아가도 되고. 어떻게 할래?"

수석팀의 팀장인 그녀는 서울 지역 영업 지사의 인사권을 쥐고 있었다. 한팀장은 나에게 인사이동을 권했지만, 그건 생각도 해보지 않은 일이었다. 잘못한 사람은 내가 아니라 최차장인데 왜 내가 가야 한단 말인가.

"팀장님, 저는 여의도 지사에 남고 싶어요. 만약 제가 지금 다른 지사로 이동하고 최차장님이 여의도에 남아버리면, 저는 여의도 지사에 영원히 이상한 사람으로 기억될 것 같아요.

힘들어도 남고 싶어요. 이미 여의도에 어깨만 만진 것 아니냐
는 등 이상하게 소문이 났다고 하던데……. 다만 최차장님 얼
굴 보는 게 힘들어서, 오히려 최차장님이 이동하는 게 맞지
않을까요?"

"그래, 네가 잘못한 거 하나도 없지. 그럼 최차장을 이동시
킬까? 아주 그 사람 집에서 먼 수원으로 배치시킬 수도 있어."

한팀장은 내가 원하는 것을 적극적으로 지지해주었다.

"그런데 만약에 최차장님을 다른 곳으로 이동시키면, 3팀
선배들이랑 지사장님이 저를 싫어하게 될까 봐 걱정돼요. 안
그래도 요즘 여의도 지사 매출도 안 좋고, 팀에 사람이 적다
고 난리잖아요. 물론 잘못을 한 건 최차장님이지만……. 다른
분들이 저를 미워할 것 같아요."

최차장과 한 공간에 있는 것이 감당 되지 않아 그의 인사이
동을 바랐지만, 3팀 사람들과 지사장의 입장이 신경 쓰였다.
사람들은 최차장이 잘못해서 다른 곳으로 이동하는 것을 머
리로는 이해하겠지만, 결국 화살은 나에게 돌아올 것 같았다.

"아니야. 너만 생각해. 주변이 신경 쓰일 수 있겠지만, 일단
은 너한테 뭐가 제일 좋을지 생각해봐. 집에 가서 좀 더 생각
해보고 네가 뭘 원하는지 얘기해줘. 일단은 최차장을 신고하
면 고충위원회를 통해 절차를 밟아야 하는 거는 알고 있고?"

"팀장님, 신고를 하면 직책자에게 피해가 가지 않을까요?"

"그런 건 아닐 거야. 내가 정확하게 알아보고 말해줄게. 일단 너만 생각해."

한팀장은 거듭 나만 생각하라고 강조했다. 인사팀으로 이건이 올라가면 한팀장, 상무, 여의도 지사의 직책자들에게 불이익이 정말 없을지. 이걸 감수하고서라도 나는 최차장의 인사발령을 요구해도 괜찮은 걸까.

한팀장과 한 시간가량 면담을 한 후 나는 업무로 복귀했다. 정사원은 내가 한팀장과 무슨 이야기를 나누었는지 궁금해했지만, 그에게 자세한 이야기를 하고 싶지 않았다. 얼마 지나지 않아 법인영업 담당 상무에게 전화가 왔다. 역시나 직책자들과의 면담은 계속되었다. 소식을 들었다며 잠깐 이야기를 하자고 나를 카페로 불러냈다. 카페에 가니 흰머리가 희끗희끗한 상무가 앉아있었다. 그는 여직원을 상냥하게 대하기로 소문난 사람이었다. 금요일부터 지사장, 3팀장, 우리 팀 팀장, 서울 본부 한팀장을 만났고, 지금은 직책자들의 상관인 상무를 만나고 있다.

상무는 간단하게 몇 가지를 묻더니 부드러운 목소리로 미안하다고 사과했다. 상무는 나를 편하게 대하려고 노력했지만, 나는 그가 직책자이고 성별이 다르다는 이유로 이 면담이

우리에게는 참지 않을 권리가 있다

부담스럽게 느껴졌다. 상무는 지원이 필요한 사항이 있으면 적극 돕겠다고 말하며 내 의사가 정해지면 말해달라고 했다. 겉은 따뜻한 상무였지만, 속으로 그가 어떻게 생각하고 있을지 알 수 없었다. 상무가 정말로 미안하게 생각하고 모든 지원을 해줄지, 아니면 일을 크게 만들지 않고 조용히 넘어가기를 바라는지 알 수가 없었다.

"오늘 최차장님 만난 거 어떻게 됐어? 사과했어?"

기나긴 하루가 끝나고 사택 앞에서 임사원을 만났다. 임사원은 일이 어떻게 진행되고 있는지 매우 궁금해하는 눈치였다.

"응, 최차장님이 사과했는데, 기억은 안 난대."

"그래도 사과는 했네. 그래서 뭐라고 했어? 어떻게 하게?"

"사과하는 건 알겠는데, 절차대로 하겠다고 했어."

"사과하는데 네가 안 받아준 거야?"

그는 의아하다는 듯이 눈을 크게 뜨며 물었다.

"아니, 사과는 받은 건데, 용서는 안 한 거지."

"그럼 사과 안 받은 거지. 그게 그거잖아……."

"그리고 상무님이 여의도 지사 갔다가 소식 들었나 봐. 아까 잠깐 얘기했는데, 원하는 거 있으면 말하라고 하시네. 한 팀장님도 그러시고."

"그래서 뭐라고 했어?"

"생각해보고 말씀드리기로 했어."

임사원은 한숨을 쉬었다.

"후. 일이 생각보다 커진 것 같아. 이렇게 점점 직책자들 타고 사건이 올라가는 거 너한테 안 좋은 것 같아. 그리고 오늘 여의도 지사 사람들이 자꾸 나한테 물어봐서 곤란했어. 계속 네가 상황 업데이트를 해줘야 나도 눈치껏 행동할 것 같아."

그의 걱정을 듣고 있으니 진정되었던 마음이 다시 불안해졌다. 그리고 덧붙이길,

"네 이름이 자꾸 들리는 게 좀 그래. 그래도, 이왕 이렇게 된 거 당당하게 '이건 아니다!' 이런 스탠스 취하는 것도 괜찮을 것 같아. 빨리 생각을 정리해서 상무님한테 말씀드려. 잘 풀렸으면 좋겠다. 걱정돼."

"오빠는 걱정돼? 내 이름이 자꾸 들리는 게 좀 그렇고? 난 스트레스 받아……."

사람들은 임사원에게 사건에 관해 계속 질문했을 것이고, 그도 하루 종일 신경 쓰였을 것이다. 그럼에도 그의 조언은 내가 사과를 받아주지 않아 일이 커졌다고 나를 질책하는 것처럼 느껴졌다.

"상무님이 또 다른 소리 할 수 있으니까, 네 편에 있을 때 빨리 유리하게 정리해."

"글쎄……. 난 딱히 원하는 게 없긴 해. 내가 팀을 옮기고 싶은 것도 아니고."

"하나 있지. 깔끔하게 사과받고 나면 앞으로 이런 일로 너를 터치하는 사람은 없겠지. 술자리에서 손을 댄다거나 이런 사람은 확실히 없을 거야."

걱정하는 그의 마음은 알겠지만, 계속 사과를 받으라고 강요하자 짜증이 났다.

"사과랑 용서는 별개라 생각해."

"그래, 네 분이 풀릴 때까지 용서 안 하면 오래가겠지."

내가 겪은 일을 알면서도 내가 분에 차있다고 표현하는 그를 이해할 수 없었다.

"분은 안 나는데 속상하고 눈물 나고…… 그런 거지. 그 사람 얼굴 보는 거 힘들어. 사과받으러 가는 길에도 떨리고 악몽도 꾸고. 나 이거 가족들한테도 말 안 했어. 들으면 속상해할까 봐. 나한텐 이게 크게 느껴져서 용서하고 싶은지 솔직히 모르겠어."

그에게 속상한 마음을 담아 말했다. 모든 것이 불안한 내 상태를 조금이라도 이해해줄 순 없을까.

"그럼 그걸 얘기해."

"했어."

"잘했어……. 늦지 않게 정리해. 우리랑 세대가 달라서 겉으론 이해해도 속으론 아닐 수 있어. 잘 풀리길 바랄게."

"나는 주말 내내 고민하고 용기 내서 결정 내린 건데, 최차장이 잘못했어도 내가 잘 처리해야 하는 상황이 짜증 나. 그리고 오빠가 자꾸 사과받는 게 낫다고 조언하면 내가 내린 선택에 대해 자신감을 잃게 되잖아."

"그래……. 너 하고 싶은 대로 해. 네 마음대로 할 거라는 생각은 했어."

임사원은 포기하듯 말했다. 그리고 덧붙였다.

"더 꼬집고 들어가 봐야 증거가 없어서 얻는 것도 없을 테니까 상대에게 '출구'를 열어줘. 그럼 빚진 마음으로 고마워할 수도 있어. 사과 빨리 안 받아주면 돌아설 수 있어. 우리 사회가 그래."

"나는 최차장이 공개사과문을 만들었으면 좋겠어. 여의도에 소문이 이상하게 났다며. 어깨만 만진 거 아니냐는 둥……. 어차피 소문난 거 공개적으로 정리했으면 좋겠어."

"공개사과문? 어휴. 네 감정에 충실하면 용서 안 하는 게 맞는데…… 기억 안 난다는데 문서로 남기겠어? 적정선에서 출구 열어주는 게 좋아 보여. 이거 진실공방만 커지겠다. 차라리 지금 경찰에 신고해! 허리에 손댄 거? 까놓고 아저씨들 취급도 안 해. 네가 지금은 여러모로 우위지만, 우위에 있을 때 용서하고 넘어가."

"그래, 행위자 입장만 놓고 보면 별거 아닐 수 있겠지. 하지만 그렇게 뒤처지게 생각하는 사람이 변해야 하고, 처벌의 여부에 상관없이 이번 사건이 여의도가 변하는 계기가 되면 좋겠어."

"그래, 마음대로 해. 우리 회사나 사회에 실망해서 더 낙담하는 계기가 되지 않길 바랄 뿐이야."

그는 내가 절차대로 함으로서 우리 사회에 실망하고 낙담할 것이라고 확신하는 것 같았다.

"그럼 난 이제 제삼자로 볼게. 중간에 껴서 힘들어."

그가 선언하듯 말했다. 이 대화를 끝으로 임사원에게는 더이상 상황을 공유하지 않아야겠다고 생각했다.

인사팀에 신고서를 제출하여 절차대로 할지, 사과를 받고 넘어가야 할지 결정해야 했다.

조직의 분위기가 나를 고민하게 만들었다. '예민하다', '옮기는 곳마다 문제를 일으킨다'는 말이 나를 위축시켰다. 또한, 행위자를 옹호하는 사람들과 일을 크게 만들고 싶어 하지 않는 직책자의 눈치를 볼 수밖에 없었다. 최차장뿐만 아니라 조직의 다른 사람들에게도 문제가 있었다. 그렇다면 신고하고 최차장이 징계를 받는 것만으로 조직원들의 인식이 변할까? 아니라고 생각했다.

우리 회사는 1년에 두 차례씩 성희롱 예방 교육을 진행하고 있다. 법정 의무교육이기 때문에 전 직원이 교육에 참여해야 하지만, 내가 느끼기에 교육의 효과는 미미했다. 교육이 온라인으로 이뤄지기 때문에 사람들은 강의를 틀어놓고 멀티태스킹으로 업무를 했다. 이번 회차 교육 동영상에 분명 내가 겪은 것과 똑같은 사례가 나왔지만, 최차장은 인지조차 하지 못하고 있었다.

다른 회사에 다니는 친구들에게 고민을 털어놓았다.

"당연히 그거 성추행이지! 신고해. 뭘 망설여?"

"뭐? 우리 회사는 그러면 바로 신고야. 신고된 사람은 그 뒤에 무슨 일이 있었는지 모르겠지만, 결국은 자발적으로 퇴사하더라고."

다른 회사에 다니는 친구들은 놀랍다는 반응을 보였다. 사내 신고 제도가 활성화되어있는 회사들이 있었고, 주기적인 오프라인 교육으로 실제로 발생한 성희롱 사례를 공유하는 곳도 있었다. 친구들에게 2차 가해를 하는 사람들 이야기를 해주었더니, "기업 문화 정말 후지다"라는 답변이 돌아왔다. 친구들과 나는 '2018년, 한국, 여성, 신입사원'이라는 공통점이 있었지만, 우리가 느끼는 기업 문화의 온도 차는 천차만별이었다.

출구를 열어주라는 임사원, 누가 가장 다칠지 생각해보라는 이대리, 있을 수 없는 일이라는 친구들의 목소리가 귀에서 맴돌았다. 사회생활이니 내 생각은 잠시 접어두고 좋게 넘어가야 할까 아니면 잘못된 것을 바로잡아야 할까. 절차대로 하면 회사 생활에서 인간관계가 망가지진 않을까…… 쉽지 않은 결정이었다.

고민 끝에 결론을 내렸다. 신고하지 않는 것으로. 최차장을 다른 곳으로 인사이동 시키지 않는 것으로. 다만 서울 전체 지사를 대상으로 제대로 된 성희롱 예방 교육을 해달라고 요구하는 것으로.

나는 그렇게 이 일을 마무리 짓기로 마음먹었다. 신고를 하지 않으면 최차장은 여의도 지사에 남게 되니 직책자나 해당 팀에 피해를 보는 사람은 없을 것이다.

모든 사람이 괜찮은 것이다. 최차장을 마주칠 때마다 불편할 내 마음만 빼고.

2부

예상치 못한 2차 가해

불편한 존재가 되는 것

공무원인 동갑내기 오사원은 나보다 며칠 전 선배에게 성희롱을 당했다. 그녀는 강도 높은 육체적 성희롱으로 신고를 고민했고, 결국 신고했다. 나도 성희롱 피해자가 된 입장에서 며칠 전 그녀와 나눴던 대화들을 읽어보니 그녀의 고민들이 와 닿았다. 며칠 전의 그녀도 나와 같이 신고를 했을 때 직책자에게 미칠 악영향과 조직 내에서의 평판 등을 고민하고 있었다. 하지만 막상 오사원이 신고를 결정하자 그녀의 팀장은 온전히 그녀의 편이 되어주었고, 절차가 원활하게 진행될 수 있도록 적극적으로 도와주었다.

'저도 얼마 전에 회식 자리에서 성희롱을 당했는데……'

나는 내 상황을 오사원에게 카톡으로 털어놓았다.

'새빛씨, 회사를 계속 다닐 거라면 평판이 걱정되는 게 사실이죠. 그런데 계속 얼굴 보는 게 힘들고, 가지지 않아도 되는 죄책감이 더 힘들 수 있어요. 그래서 저는 신고했고요. 사실 마음이 진짜 오락가락하거든요. 근데 진짜 본인만 생각해야 해요. 안 그러면 하루하루가 너무 힘들어져요.'

오사원과는 고등학교 동창을 통해 딱 두 번 만나 식사를 한 것이 다였지만, 성심성의껏 조언해주었다.

'네, 조언 감사해요. 신고하는 것이 당연한데, 피해자가 용기를 내야 하는 상황이 답답하네요.'

현재 수사가 진행 중인 오사원도 많이 힘들 것 같았지만, 그녀는 힘들 때 언제든지 연락해도 된다고 말해주었다.

나는 오사원의 이야기를 듣고 마음을 바꿨다. 그녀를 통해 연대감을 느꼈다. 자신감이 생겼고, 잘못된 것을 잘못되었다고 그녀처럼 당당하게 말하고 싶었다.

나는 이전 팀에서 성희롱을 겪었을 때 미온적으로 대응하여 몇 달 동안 후회를 했다. 나를 지키지 못했다고 스스로 질책했으며 아물지 않은 마음의 상처가 트라우마로 남았다. 이번에는 예전처럼 후회하는 일이 없도록 바로잡고 넘어갈 것이다. 상처가 온전히 아물 수 있도록 내가 할 수 있는 모든 행동을 할 것이다.

한팀장에게 전화해 정식으로 신고하겠다고, 최차장의 인사이동을 원한다고 말했다.

"엄마한테는 말했어?"

친구들은 가족들에게 이 사건을 알렸는지 물었다.

"아니, 절대 말 못하지. 속상해할 것 같아서."

엄마는 이 사실을 알면 뭐라고 할까?

대학에 입학하기 전 엄마와 한집에서 살았던 19년의 세월 동안, 엄마는 두 딸에게 항상 남자를 조심하라고 단단히 교육시켰다. '아빠 빼고 남자는 다 늑대야'라는 말을 귀에 못이 박히도록 들었다. 4층에 살았던 초등학생 시절, 엄마는 집 안에서도 옷을 갖춰 입고 있으라고 말했다. 밖에서 집 안을 보고 나쁜 마음을 먹은 사람이 찾아와 범죄를 저지를 수 있다는 이유였다. 교복을 처음으로 입게 된 중학생 때 엄마는 아무리 더워도 여자는 꼭 속바지를 입어야 한다며 속바지를 입었는지 자주 확인했다. 내가 성적 때문에 엉엉 울면서 집에 들어갔던 고등학교 1학년 때, 엄마는 내가 나쁜 일을 당한 줄 알고 심장이 철렁 내려앉았다고 했다. 엄마에게 두 딸은 항상 남자를 조심시켜야 하고, 남자로부터 나쁜 일을 당하지 않도록 노심초사하며 지켜야 하는 존재였다.

최차장을 신고하는 내가 잘못된 걸까 수십 번 생각했다. 정말 임사원과 선배들 말처럼 용서하고 넘어가는 것이 현명한 사회생활인 것일까, 적당한 처세술을 익히는 게 맞는 걸까 고민하는 나에게 힘이 되어줄 누군가가 필요했다.

엄마라면 나를 이해하고 지지해주지 않을까. 그냥 엄마에게 털어놓을까 고민이 되었지만, 엄마가 딸인 나에게 가지고 있는 걱정을 알기 때문에 그럴 수 없었다. 분명 나보다 속상해할 테니 사회생활의 쓴맛은 나 혼자 안고 가고 싶었다. 가족에게 기대고 위로받고 싶었지만, 티조차 낼 수 없었다. 가장 가까운 가족들이 속상해할까 봐 말하지 못하는 내 마음을 최차장과 2차 가해자들은 꿈에도 모를 것이다.

가족에게 털어놓을 순 없지만, 이번 일을 엄마는 어떻게 생각할지 궁금해서 은근슬쩍 물어봤다.

"엄마. 엄마는 만약에 누가 나나 우리 가족한테 해를 입히면 용서할 거야?"

엄마는 평소에 남들을 잘 챙기고 성격이 온화한 편이기 때문에 용서한다고 말할 것 같았다.

"음……."

엄마는 잠시 생각하더니 말을 이었다.

"글쎄, 잘못한 사람은 벌을 받는 게 맞지 않을까?"

예상과 정반대의 대답이었다.

"계속 미안하다고 하면? 근데 우리 가족이 상처를 받았어."

"엄마는 쉽게 용서 못 할 것 같은데?"

가족이 해를 입었다며 답변을 유도하는 것처럼 물어보긴 했지만, 엄마의 대답은 나에게 힘이 되었다. 엄마가 이 사건을 알지는 못하지만, 내 선택을 지지해줄 것이라고 생각했다. 엄마도 내가 마음에 상처가 남는 행동을 하길 바라지 않을 것이다. 용감하게 절차대로 신고하는 나를 응원해줄 것이라 믿는다.

"한팀장님한테 신고할 거라고 말씀드렸어."

내 말을 듣자 임사원이 크게 한숨을 쉬며 말했다.

"하…… 너 앞으로 웃으면서 우리 팀에 오지 마!"

심장이 바닥까지 떨어지는 기분이었다. 최차장을 신고하고, 그의 부서 이동을 원한 게 그렇게 잘못된 일인가.

"우리 팀 아저씨들도 최차장님이 나쁜 거 알아. 백 번 잘못한 거 알지만, 내심 네가 그 사람을 용서해주길 바라는 마음이 있다고. 그런데 네가 주변 사람들은 전혀 고려하지 않고 최차장님을 가차 없이 보내버리는 거야."

쿵. 또 심장이 떨어졌다. 임사원은 미간을 한껏 찌푸리며 이해할 수 없다는 눈빛으로 나를 바라봤다. 그는 계속하여 언성을 높였다.

"결국 네가 3팀 사람들한테 벽을 세우는 거야. 아저씨들?

겉으로는 너한테 웃고 잘해줘도 속은 전혀 아니라고. 너 출근할 때마다 우리 팀에 인사하고 살갑게 오는데, 앞으로 웃으면서 우리 팀에 오지 마!"

이번 일은 최차장과 나 둘 사이의 일이지만, 여의도 지사 전체의 이목이 쏠려있는 일이기도 했다. 내가 불편하다는 이유로 3팀 선배들을 모른 척할 수도 없고, 나에게 먼저 말을 걸어주시는 분들도 계셨기에 3팀 선배들을 어떻게 대해야 할지 고민했었다. 그래도 예의라고 생각하여 최차장이 없을 때는 3팀에 인사하며 출근했는데, 임사원의 말을 들으니 내가 살가운 모습을 보여서 몇 선배들은 내가 최차장을 신고하지 않을 것이라고 기대를 했나 보다. 임사원도 밝게 인사하는 내 모습을 보고 내가 최차장을 신고하지 않을 것이라 예상하고 3팀 선배들에게 좋게 풀릴 것 같다고 이야기했었나 보다. 그의 말은 내가 뒤통수라도 쳤다는 말처럼 들렸다. 나는 인사라는 작은 행동부터 주목을 받고 있었다.

"우리 팀 아저씨들도 최차장님한테 왜 그랬냐고, 네가 잘못한 거라고 그렇게 얘기들 하셔. 다들 최차장님이 나쁜 거 안다고! 그렇지만 오랫동안 본 사이니까 네가 최차장님을 용서하고 3팀에 남게 해주길 바라는 마음이 있었던 거야."

임사원은 일주일 동안의 팀 분위기를 말해주었다.

"그리고 사람들이 자꾸 나한테 물어봐. 전에 팀에서도 그런 일 있었다는데 누가 그랬냐는 등등."

그의 표정이 무서웠다. 그의 말 하나하나가 내 마음에 가시처럼 박혔다. 그리고 덧붙였다.

"나도 다른 회사 다니는 여자인 친구들한테 성희롱이 있으면 어떻게 해결하는지 많이 물어봤어. 퇴사까지 가능한 회사도 있고, 눈치 봐서 쉬쉬하고 넘어가는 회사도 있대. 퇴사까지 가능한 회사 친구한테 진짜 신고 많이 하냐고 물어봤더니, 앞으로의 평판 및 생활 등을 고려해서 합의하고 넘어가는 것이 대다수래. 그 친구가 네 걱정을 했어. 네가 아직 어려서 조직 생활을 몰라 신고하는 거 아니냐고. 이후의 일을 고려하고 선택한 거냐고."

더 이상 듣고 싶지 않았다. 나의 결정을 '사회생활 모르는 어린 여자의 감정적인 선택'으로 치부하는 것 같았다.

"그리고 이 얘긴 안 하려고 했는데, 내 옆에 과장님이 나랑 단둘이 있을 때 네 욕해. 알아? 사람들이 그래! 동기 욕 듣고 있는 나도 힘들어!"

내용만으로도 상처인 그의 말들이 찌푸려진 표정, 답답하단 듯 커진 목소리를 타고 증폭되었다. 더 이상 웃을 수 없었다.

뒤에서 험담하는 2차 가해를 예상하지 못한 것은 아니다.

할 것이라고 생각했고, 물론 버텨낼 것이다. 하지만 비참한 기분이 드는 건 어쩔 수 없었다. 인사를 받아주지 않는 과장을 보며 나를 싫어하겠거니 짐작은 했지만, 내 동기인 임사원에게 내 욕을 할 줄은 몰랐다. 과장이 이 사건에서 욕하는 대상이 왜 최차장이 아니라 나일까. 내 또래의 두 딸을 둔 과장에게 묻고 싶었다.

다른 사람의 2차 가해도 화가 났지만, 임사원의 태도에 크게 실망했다. 내 편이 되어주어야 할 의무는 없지만 적어도 나를 힘들게 하진 말아야 할 것 아닌가. 위로까진 아니더라도 '마음 단단히 먹어'와 같은 반응을 예상했는데, 그는 '네가 기어코 잘못된 선택을 했구나. 넌 앞으로 힘든 일을 겪을 거다'라고 말하는 것 같았다. 그가 내 선택이 잘못되었다며 화를 내는 이유를 이해할 수 없었다. 왜 나를 컨트롤하려고 하는가. 남자 차장들과 관계가 껄끄러워진다는 것보다 임사원의 말들이 더 내 마음을 후벼 팠다.

얼굴 근육이 힘없이 축 처지는 것 같았다. 거울을 볼 순 없었지만, 내 표정은 굳어서 심각해 보였을 것이다. 임사원이 내 안색이 어두워진 것을 눈치 챘는지 갑자기 표정을 180도 바꿔 온화한 미소를 지으며 부드럽게 말했다.

"아니야. 이미 엎어진 물이야. 앞으로 잘하자."

엎어진 물이라…….

"그리고 새빛아. 아저씨들이랑 관계는 너무 걱정하지 마."

그는 남자 차장들이 내 욕을 한다고 다 전달해놓고는 다정한 목소리로 아저씨들과의 관계를 걱정하지 말라고 말했다.

"상관없어."

2차 가해에 휘둘리고 싶지 않았기에 남자 선배들과의 관계를 신경 쓰지 않기로 마음먹었다. 내 대답을 들은 임사원이 갑자기 눈을 동그랗게 뜨고 물었다.

"너, 왜 그런 표정 지어?"

"내가 무슨 표정인데?"

"어이없다는 표정."

그는 정색하며 내 표정을 지적했다.

"새빛아. 지금은 몰라도 나중에는 업무로 만날 수 있는 아저씨들인데, 또 '너무 상관없다' 이런 자세는 안 좋아 보여."

어쩌라는 걸까. 나의 모든 행동 하나하나를 지적하며 컨트롤하려는 그에게 짜증이 났다.

"새빛아, 난 그래도 네 편이야."

그는 또 온화한 미소를 지으며 말했다. 내 편의 정의가 뭔지는 알 수 없지만, 임사원이 하고 있는 건 내 편이 아니라고 확신할 수 있었다.

첫 번째 전화

사규를 찬찬히 읽어봤다.

앞으로는 고충처리기구 주도로 일이 진행되겠지만, 내가 처한 상황과 신고 절차를 알고 싶어 아침부터 모니터를 뚫어져라 쳐다봤다. 먼저 피해자는 고충상담원과 상담한 후 성희롱 신고를 접수하게 된다. 신고가 접수되면 조사반이 구성되어 성희롱 여부를 판단하기 위해 피해자, 행위자 그리고 주변인을 조사한다. 사규에서는 조사 기간을 20일 이내로 짧게 권장하고 있지만, 실제로 조사 기간이 얼마나 걸릴지 알 수 없었다. 조사 기간 동안 피해자를 보호하기 위한 유급휴가, 근무지 장소 변경 등의 조항이 있었다.

내가 신고 의사를 밝힌 것과 동시에 최차장의 출근지가 임시 변경되었다. 그는 더 이상 여의도 지사 사무실이 아니라 아무도 없는 지하 회의실로 출근하게 되었다. 지하 회의실은 어떤 인프라도 갖춰져 있지 않아서 최차장은 인쇄를 할 때도 임사원에게 부탁해야 했다. 또한, 3팀 사람들은 나와 최차장이 마주치지 않도록 부서 회의실이 아닌 다른 층 회의실을 이용해 팀 회의를 해야 했다.

최차장은 내가 신고할 것이라는 소식을 들었을 때, 아무리 사과 자리에서는 '어떤 벌도 받겠다'라고 말했을지라도 불안한 마음이 들었을 것이다. 나 또한 불안했다. 아무리 피해자와 행위자를 분리했다고는 하지만, 그는 여전히 여의도 사옥 내에 있었기 때문에 언제 어디서 그를 마주칠지 모른다는 불안감이 있었다. 또한, 매일 아침 출근길이 나에게는 가시방석이었다. 모니터 속 10pt도 되지 않는 작은 글씨의 사규를 보는 것조차 위축되어있는 나의 입장에서는 눈치가 보였다. 사무실 내에서의 행동 하나하나가 신경 쓰였다. 내가 출근할 때 별 뜻 없이 했던 인사가 주목을 받고 해석이 되었던 것처럼 사람들이 내 모든 행동을 관찰하며 나를 판단하고 있는 것만 같았다.

1주 동안 휴가를 다녀온 팀장이 사건이 어떻게 진행되고 있는지 물었다. 내 옆자리의 강차장이 나를 틈틈이 신경 써주었다. 그녀와 나는 매일 소소한 이야기를 나누었고, 사건 진행

경과에 대해서도 얘기했다. 아마 팀장이 강차장에게 밀착 케어를 요청한 것 같았다. 내가 느끼는 사무실의 분위기는 참 복합적이었다. 최차장을 마주칠지도 모른다는 불안감, 내 인사를 받아주지 않는 과장, 묘하게 신경 쓰이는 주변 분위기. 이런 상황 속에서 나는 팀 선배들과 정을 쌓고 있었고, 시간은 조금씩 흐르고 있었다.

일요일 저녁, 모르는 번호로 전화가 왔다.

"여보세요."

별생각 없이 전화를 받았다.

"……저 최송훈입니다."

최차장이었다. 중요한 면접을 보는 것처럼 심장박동 수가 빨라졌다.

'녹음! 녹음!'

급하게 갤럭시 폰을 찾았다. 나는 통화 녹음 기능이 없는 아이폰을 쓰고 있었지만, 사건이 있고 나서는 언제 어디서 녹음해야 할 상황이 생길지 모른다는 생각에 갤럭시 공기계를 항상 가지고 다녔다. 아이폰의 스피커폰을 켠 채 공기계로 녹음을 시작했다.

"제가 다른 지역으로 발령까지 가게 될 수도 있다는데, 회식 때 그 상황을 제가 전혀 모르겠더라고요. 그 상황을 조금만 얘기해주면 안 될까요?"

최차장은 나지막한 목소리로 대화를 걸어왔다.

"서서 대화를 하고, 팔을 만진 건 어디서 만진 거죠?"

그는 상세한 경위를 물었다. 최차장이 무슨 말을 할까 했는데, 진위를 묻는 전화라니. 그의 전화를 받은 것이 후회되었다.

"저 그때 다 얘기해드렸습니다."

"제가 멘붕이 와서. 그때 생각나거든요. 테이블 양쪽을 봤는데, 한쪽에 우리 여직원분들이 모여있더라고요. 새빛씨가 신입사원이니까 제가 '여자 쪽으로 들어가세요' 한 거죠. 허리를 만졌는지는 모르겠지만……. 제가 팔도 잡고 그랬나요?"

지난번에 다 이야기했다는 나의 말에 아랑곳하지 않고 그는 질문을 이어갔다.

"팔이랑 허리 만지셨어요."

그날 일에 관하여 당사자인 최차장과 대화하고 싶지 않았지만, 그가 납득하지 않으면 앞으로도 계속 전화를 할 수 있다는 생각에 마지못해 대답했다.

"자리에 앉을 때 말하는 거죠? 그래서 제가 그쪽으로 안내하니까 어떤 분이 왜 여자만 그쪽으로 모냐고 했던 말도 기억이 나거든요."

"네."

"그런 행동에 기분이 많이 나쁘셨던 거예요?"

"네."

"그걸 성희롱이라고 느끼셨던 건가요?"

"네?"

그의 행동을 성희롱이라고 느꼈냐는 질문에 당황했다.

"제 행동을 성희롱이라고 느끼셨어요?"

"네."

"만졌으니까요?"

그는 성희롱을 무어라 정의하고 있는 걸까. 그는 상황을 납득하기 힘들었는지 본인의 행동을 성희롱이라고 느꼈냐며 재차 확인했다.

"여자분들 있는 데로 가시는 게 좋겠다 싶어서 자리를 안내해드린 건데……. 근데 그 부분은 상상도 못 했고, 제가 기억이 안 나서……. 허리를 만졌다니, 제가 진짜 현장도 가보고, CCTV도 있나 확인해보고 뭘 했는지 도대체 몰라서……."

그는 CCTV를 확인하기 위해 현장에 다녀왔다고 했다. 차라리 CCTV라도 있었으면 더 이상 기억이 나지 않는다는 말을 듣지 않아도 될 텐데. 나는 최차장이 CCTV가 있다는 말을 하길 간절히 바랐지만, 호프집에는 CCTV처럼 생긴 화재경보기만 있었다고 했다.

"하…… 이거는 제가 너무 그렇네요……. 진짜 아무 의도 없이 새빛씨한테 편한 자리로, 여자 자리로 안내해드린 거예요. 이쪽으로 가면 남자들만 있고, 혼자 여자니까 안 될 것 같아서 제가 판단한 거예요."

"네?"

"제가 자리를 안내해드리는데 새빛씨 허리를 잡았다고요?"

그는 조곤조곤한 말투로 재차 질문했다. 불쾌했다. 그의 입에서 '허리'라는 단어가 나오는 것도 싫었고, 당시를 떠올리는 것도 싫었다. 무엇보다 행위자와 대화를 하고 있는 이 상황이 불편했다. 빨리 전화를 끊고 싶었다.

"어떻게 해야 합니까, 이걸. 제가 회사를 25년을 다녔는데, 이 불명예를 안고 발령을 받아야 할 상황이에요, 지금."

그는 답답해하며 말했다. 불명예라는 단어를 통해 나는 그가 억울해하고 있다는 느낌을 받았다. 심지어 그는 스스로 만든 불명예의 원인을 나에게서 찾고 있었다.

"제가 좋은 의도로…… 자리를 여자 쪽으로 안내하려고 했던 의도는 알고 계셨어요? 그걸 직책자들한테 얘기해주셨나요?"

그놈의 선한 의도! 의도 운운하며 제자리만 빙글빙글 도는 이야기를 더 이상 듣고 싶지 않아 단호하게 이야기했다.

"성희롱은 의도랑은 상관이 없죠. 성희롱은 피해자가 느끼는 바와 사회의 상식에 따라 결정되는 거지, 의도와는 상관없습니다."

"후배를 좋은 자리로, 부담 없이 여자 쪽으로 가서 얘기하라고, 그런 뜻으로 한 건데."

성희롱은 의도와 상관없다는 말을 들은 후에도 그는 다시 한번 그가 가졌던 선한 의도들을 말했다. 내 말을 듣지 않는 건가? 그의 말을 들으니 더는 할 말이 없었다. 긴 정적이 흘렀다.

"정말 용서가 안 되겠습니까? 어차피 저는 발령을 받을 것 같은데, 정말 용서가 안 될까요?"

그가 용서라는 단어를 꺼내고 나서야 이 전화의 최종 목적은 진위 확인이 아니라 용서라는 것을 인지했다. 용서를 왜 이런 식으로 구할까. 미안한 마음을 담은 대화가 쌓인 후 용서를 구하는 것이 아니라 진위와 의도에 관해 한참을 이야기한 후에 용서라는 말이 분위기에 맞지 않게 툭 튀어나온 것처럼 느껴졌다.

또한 그는 불명예를 안고 발령을 받고 싶지 않다고 말하는 동시에, 어차피 발령을 받을 것 같으니 용서해달라고 했다. 모순이었다. 사실 그가 바라는 것은 용서가 아니라 징계와 발령을 피하는 것이 아닌가. 또 한 차례 정적이 흘렀다.

"이걸로 현장에 가보고 다해봤어요. 도대체 무슨 일이 있었는지, 어디서 허릴 잡았는지 손을 잡았는지 몰라서 전화를 드렸어요. 도대체 언제 어떻……."

행적을 수차례 되물으며 선한 의도를 운운하는 그의 말들이 참을 수 없었다. 나는 최차장의 말을 끊고 말했다.

"차장님, 제가 차장님을 해고해달라거나 심한 것을 바라는 게 아니잖아요. 제가 원하는 건 그냥 피해자랑 행위자를 분리하는 거예요. 차장님은 저랑 같은 공간인 여의도에서 근무하셔도 괜찮은 건가요? 이렇게 얘기하시는 거 보니까 제 심정이 어떨지는 상상이 아예 안 되시는 것 같아요."

나는 최차장과 같은 공간에 있을 수 없지만, 최차장에게는 가능한 일인가 보다. 평범한 일상을 지켜내기 위해 고군분투해야 하는 것은 그가 아닌 나의 몫이었다.

"제가 그 행동을 한 게 의도가 없었는데도 그렇게 얼굴 보기가 싫으신 건가요?"

내가 무어라 말을 해도 그는 계속 같은 질문을 반복했다. 이건 대화가 아니었다. 답답했다.

"아무 의도 없이 그냥 새빛씨한테 편한 자리를 주기 위해서 허리를 만지고 팔까지 잡았다고……. 사실 팔은 잘 모르겠는데, 제가 왼쪽에 여자분들 있는 데로 몸을 돌렸을 테니까 어깨나 어디를 눌렀을 거예요. 저는 솔직히 어떤 상황이든 이런 거로 발령을 보내면 너무나 챙피스러워서. 회식 날 새빛씨가 울었다고 하더라고요. 그때는 제가 어깨를 만진 것만 생각하고, '되게 예민하시구나' 했죠. 그래서 회식 끝날 때까지 전혀 말을 안 걸었잖아요. 사과하러 가면 받아줄 것 같다고 해서 갔는데…… 갔는데 팔을 잡고 허리를 만졌다길래 더 이상 듣지 못했어요. 제가 더 변명도 안 했고, 벌을 받으라면 받겠다고 했잖아요. 그런데 갑자기 발령을 받을 것 같다는 얘기를 들어서…… 그렇게 기분이 나빴으면, 죄송합니다. 저 25년 회사 다니면서 이거, 얼굴 들고 다니기가 너무나 부끄럽고 챙피해요."

역시나 그의 초점은 앞으로 그가 겪게 될 인사이동과 불명예라는 평판이었다. 단 한마디의 말에서도 내가 느낄 기분을 생각한 흔적이 드러나지 않았다. 최차장과 나의 관점은 이렇게나 달랐다. '되게 예민하시구나'라는 그의 말이 귓가에 맴돌았다.

침묵이 흘렀다.

"새빛씨."

"네."

"제가 전화로 계속 얘기하면 부담스러울 것 같아서, 끊고 생각 좀 해주세요. 정말 두 사건 다 새빛씨가 기분 나빴다니까 저도 인정을 하잖아요. 제 의도는 첫 번째는 정말 선한 의도로 했고, 두 번째는…… 잘못했어요. 솔직히 성추행이라고 느끼지는 않았을 거잖아요. 그냥 만져서 기분 나쁘다는 거지."

그의 마지막 말에 어이가 없어 팔짝 뛸 것만 같았다.

"성추행이죠! 무슨 말씀이세요, 차장님? 차장님, 지금 하신 행동을 너무 가볍게 생각하시는 것 같은데, 명확한 성추행이에요."

"그래요. 알겠습니다. 더 말씀 못 드릴 것 같고요. 잘 쉬시고 일요일 날 전화 드려서 죄송합니다."

'생각이 안 난다', '선한 의도였다', '불명예를 안고 이동한다', '솔직히 성추행은 아니다' 등의 말을 들으니, 여태껏 그가 한 사과가 진심이라고 생각되지 않았다. 인사이동을 모면하기 위해 '인정한다', '벌을 받겠다'라고 말한 것 같았다. 무엇보다 그는 가장 기본적인 피해자와 행위자의 분리를 요구한 것이 과한 처사라고 생각하고 있었다. 이 전화를 통해 최차장이 본인이 했던 행동의 심각성과 내 감정을 이해하지 못한다는 것을 확실하게 알 수 있었다.

전화를 끊고 잠들기까지 진정이 되지 않았다.

용기와 절차

내 용기가 처음으로 작은 변화를 만들었다.

『여의도 남직원들은 금일 14시에 7층 회의실로 모여주세요. 상무 Dream』

"새빛아, 상무님이 남직원들만 따로 부르는데, 들은 거 있어?"

임사원이 나에게 상무가 보낸 문자를 전달해주었다. 어찌 된 영문인지 알 수 없었지만, 사건을 정리하려는 상무의 의지가 느껴졌다.

오후 2시, 나는 팀장과 함께 고객사를 방문하러 영등포구청역으로 향했다. 지하철에서 내려 10분 정도 땀을 흘리며 걸었다. 고객사에 들어가기 전에 혹시 임사원에게 연락이 오지 않았나 핸드폰을 보았지만, 아무 연락도 오지 않았다. 상무가 남직원들에게 어떤 말을 했는지 빨리 듣고 싶었다.

30분가량 시원한 회의실에서 미팅을 하면서도 머릿속 한 구석으로는 상무가 무슨 말을 할지 상상했다.

"여자 영업 직원이 있네요?"

40대 중반의 고객사 담당자는 영업 직원 중에 여자 신입 사원이 있는 것을 신기해했다.

"네, 요즘은 여직원도 많이 뽑아요."

나중에 내가 이 고객사를 담당하게 되었을 때, 혹시 내가 신입이고 여자라서 나를 담당자로서 기피하진 않을까 살짝 걱정되었다.

"아 그렇군요. 어쩌다 이 힘든 영업에 들어오셨대요? 허허."

새로운 고객사에 갈 때마다 영업 직무가 힘든데 어떻게 하게 되었냐는 질문을 자주 들었다. 그럴 때마다 나는 "하고 싶어서 지원했어요" 또는 "영업에 있으면 많이 배울 수 있어요"라고 대답하며 빛나는 눈빛을 보여주었다. 고객사 직원 앞에서 다른 직무 면접에서 떨어졌다고 솔직하게 말할 순 없으니 말이다.

사무실로 돌아가는 길에 임사원에게 카톡이 왔다.

'내가 부끄러워지게 아저씨들 대부분이 상무님 주도하에 이성적으로 네 입장을 이야기하더라.'

며칠 전까지 나를 답답하게 여기며 내 결정이 잘못되었다고 화를 내던 임사원은 본인의 행동을 부끄러워했다.

'그리고 상무님이 최차장님 인사이동하는 것도 넌지시 암시했어.'

상무는 남직원들을 모아 사건을 공론화시켰고, 해당 자리에서 활발한 토론이 이뤄졌다고 한다. 모든 내용을 이야기해주진 않았지만, 임사원이 겁을 줬던 것만큼 심하게 말하는 사람은 많지 않은 것 같았다. 마음이 조금 놓였다.

'여전히 최차장님 편을 들며 얘기하는 분들도 있긴 했지만, 상무님이 직접 얘기하시니까 정리가 되는 것 같아.'

조직 내에는 상하가 구분된 직급이 있고, 직책자는 조직원들에게 큰 영향력을 행사한다. 다시 한번 직책자는 올바른 잣대를 가져야 한다는 생각을 했다.

'이때까지 네 편에서 힘이 되는 말 못 해서 미안해.'

임사원이 덧붙였다. 임사원 때문에 꽤나 스트레스를 받았기 때문에 그의 사과가 달갑게 느껴졌다. 그가 진심이길 바랐다. 상무가 남자직원들만 부른 것이 이해가 안 되긴 했지만, 여의도의 여론은 조금 정리가 되는 것 같았다.

상무의 소집이 끝나고 얼마 지나지 않아 한팀장이 속해있는 조직기획팀에서 메일을 받았다. 분기에 한 번 진행하는 서울 지역 성과 보고회 때 성희롱 예방 교육을 함께 진행할 예정이니 전원 참석하라는 내용이었다. 무려 외부 전문 강사를 섭외한다고 했다. 내가 한팀장에게 요구한 대로 성희롱 예방 교육 일정이 잡힌 것이다. 서울 지역에서 '최초'로 집합 교육 형식으로 이뤄지는 성희롱 예방 교육이었다.

즐거운 마음으로 일과를 마무리하고 퇴근했다. 넘치는 여의도역의 인파에도 웃음이 났다. 혼자 웃고 있는 자신이 바보스러워 손을 올려 입을 가렸다. 이때까지만 해도 조금씩 빛이 보이는 것만 같았다.

출근했는데 정사원이 보이지 않았다. 정사원과 나는 며칠 동안 야근하며 제안서를 작성했고, 어제 제안서를 제출했다. 나는 혹시 정사원이 며칠 동안 누적된 피로 때문에 늦잠을 잔 건 아닐까 걱정이 되었다.

"팀장님, 정사원님 고객사 갔어요?"

내 짝꿍 강차장도 정사원의 행방이 궁금했는지 팀장에게 정사원의 행적을 물었다.

"현석이? 제안서 제출하느라 수고했다고 지사장님이 오전은 쉬고 오후에 나오라고 했다는데? 좀 전에 문자 받았어."

팀장은 대수롭지 않게 대답했다.

"그럼 새빛이는?"

강차장은 나를 바라봤다.

나는 여의도에 온 지 얼마 되지 않아서 고객사를 전담해 관리하지 않고 정사원의 업무를 지원하고 있었다. 나도 그가 담당하는 대형 고객사의 입찰 사업 제안서를 함께 작성했다. 사건과 관련하여 면담하러 갈 때만 빼고 대부분의 시간에 나는 제안서를 작성하는 인력들과 함께 회의실에 상주했다. 정사원은 본인의 고객사 제안서임에도 다른 고객사 업무를 보느라 회의실에 있는 시간이 많지 않았다. 또한, 회의실로 복귀해도 그의 전화는 쉴 새가 없었다. 워낙 정사원에게 할당된 고객사가 많았고, 고객사 중에는 클레임이 많은 업종도 있었기 때문에 그는 몸이 2개라도 모자랐을 것이다.

"정사원은 고객사에 돌아다니느라 바빴지. 제안서는 네가 많이 썼잖아. 너는 엊그제 몇 시에 퇴근했어?"

강차장은 나를 대변해주려는 듯 물었다.

"새벽 2시 반 정도에 집에 갔어요. 정사원님은 4시쯤 들어갔을 거예요."

"사람들이 다 정사원한테만 수고했다고 하고, 너는 자꾸 빼먹는 게 신경 쓰이네."

강차장은 입술을 가볍게 내밀며 찡그린 표정을 지었다.

강차장의 말을 듣다 보니 지사장에게 서운한 감정이 들었다. 나도 새벽까지 일하며 제안서를 작성했고, 제출일에 제안서를 제본한 사람도 정사원이 아니라 나였다. 그와 함께 인쇄소에 갔지만, 다른 고객사의 급한 호출 때문에 정사원은 급히 자리를 떴다. 150페이지 분량의 제안서 20부를 상자 2개에 나눠 담아 낑낑대며 홀로 택시를 타고 여의도로 복귀했다. 여의도 사무실에서는 페이지별로 회사 인감도장을 찍으며 정사원을 기다렸고, 정사원이 여의도로 복귀한 후 우리는 상자를 하나씩 들고 제안서를 제출하러 고객사에 갔다. 나는 제안서 작성의 A에서 Z까지 가까운 곳에 있었지만, 정사원의 사업이었기 때문에 결국은 그의 실적이었다.

일을 빨리 배우지 않으면 언제까지고 남을 지원하는 위치에 있을 수밖에 없겠다는 생각이 들었다.

성희롱 고충 상담이 내일로 다가왔다. 내가 상담에서 진술한 내용을 토대로 조사가 이뤄지고, 심의위원회를 통해 성희롱 여부가 결정된다고 했다.

"팀장님, 저 내일 성희롱 고충 상담 일정이 잡혀서요. 본사 다녀오면 4시 정도 될 것 같아요."

팀장에게 상담 일정을 조심스럽게 알렸고, 팀장은 흔쾌히 알겠다며 진행 상황에 대해 간단하게 물었다.

내가 속한 조직의 성희롱 고충 상담을 담당하는 기업부문 인재팀의 도차장과 임과장을 조직도에서 검색했다. 낯선 사람들에게 내가 겪은 일들을 털어놓아야 한다고 생각하니 부담스러웠다.

퇴근하고 침대에 누워 나는 다시 한번 나에게 무슨 일이 일어났었는지 머릿속으로 되뇌었다. 사건 당일로부터 벌써 열흘이 지났다. 며칠 동안 직책자들과 상담을 하고 여기저기에 불려 다니느라 내가 직장 내 성희롱 피해자라는 것이 숨 쉬듯 당연하게 느껴졌다. 하지만 다시 생각해보니, 나는 '무려' 직장 내 성희롱 피해자였다. 꿈이 아니었다. 나는 평범한 사원일 뿐이었는데……. 눈물이 났다.

다음 날, 부은 눈으로 잠에서 깨 본사의 인재팀 사람들을 만나러 갔다. 간단한 상담일 줄 알았는데 회의실에 노트북이 세팅되어 있었다. 면접장이 생각났다. 살짝 긴장한 채로 회의실로 들어갔고, 도차장과 임과장이 친절하게 맞아주었다. 드라이하지도, 과하지도 않고 적당했다.

"혹시 저희 두 명이 있는 게 불편하면 저랑만 상담을 진행해도 돼요. 어떻게 생각하세요?"

도차장은 나에게 두 상담자가 함께 있는 것이 혹시 불편하지 않은지 물었다. 나는 상담의 객관성을 유지하기 위해 한 명보다는 두 명이, 성별이 다양한 것이 좋을 것 같다고 생각해

두 사람과 함께 이야기를 나누기로 했다. 내가 상담을 녹음하는 것에 동의하자, 도차장과 임과장이 나에게 질문했다.

"새빛씨, 그날 있었던 일을 말씀해주시겠어요?"

어디서부터 어떻게 이야기해야 할까. 나는 2주 전 회식 자리로 거슬러 올라갔다. 적당히 더운 초저녁, 허름해 보이는 건물로 허둥지둥 들어가는 비즈니스 캐주얼 차림의 내가 떠올랐다. 왁자지껄 대화를 나누고 있는 사람들 속에서 긴장한 채 분위기를 따라가려고 노력하며 소주잔을 비우고 있는 내 모습도 떠올랐다. 최차장과 대화하며 계단을 올라가는 내 모습도 떠올랐다. 호프집에서 앞사람 몰래 눈물을 닦고 있는 내 모습도 떠올랐다.

"음…… 어디서부터 시작해야 할까요?"

"시간 순으로 말씀해주시면 됩니다. 부담 안 가지셔도 되고, 혹시나 말씀하시다가 힘든 부분이 있으면 말씀해주세요."

도차장은 분위기를 편안하게 만들려고 노력했고 나를 재촉하지 않았다. 두 사람은 나보다 연배가 훨씬 많았지만, 나를 조심스러운 태도로 대했다.

"저랑 임사원의 환영 회식 자리였어요."

천천히 입을 뗐다. 시간의 흐름대로 그날의 일을 되짚었다.

"최차장님이 술에 많이 취한 것 같았나요?"

도차장과 임과장은 상세한 상담 문서 작성을 위해 구체적으로 상황을 물었다.

"글쎄요, 저는 최차장님을 그날 처음 보는 거라서 그분의 주량이나 취한 모습이 어떤지 잘 모르겠어요. 다만 얼굴이 빨갛거나 말이 어눌하다는 등 흐트러진 모습은 아니었어요."

나는 최대한 상세하게 대답했다. 도차장의 타닥타닥 타자 소리가 회의실에 울렸다.

"허리에 손을 올렸다기보다는 잡았다고 이해하면 될까요? 얼마나 오래 잡았나요?"

도차장이 상황을 파편화하여 질문했다.

"네, 그럼 요약하자면 2층에서 최차장을 만나 들어오는 중 입구에서 최차장이 허리를 잡았고……."

"아뇨, 입구에서는 미투하지 말라고, 너는 꽃이라고 말했고, 신체 접촉을 한 건 테이블 앞이었어요."

나는 도차장의 요약정리에 틀린 점이 있을 때면 정정했다. 혹시 내 이야기를 듣고 두 사람이 내가 예민하거나 별나다고 생각하지는 않을지 걱정스러웠다. 그들이 속으로는 어떻게 생각할지 몰라도, 두 사람의 비즈니스적인 태도 덕분에 나는 점점 긴장이 풀렸다.

"도차장님, 이 부분은 새빛씨한테 이야기 듣고 좀 수정해야 될 것 같은데요? 새빛씨, 최차장님이 미투하지 말라는 말을 했을 때, 주변에 혹시 들은 사람이 있을까요?"

도차장과 임과장은 상호 보완하며 상담을 진행했다. 이러한 과정이 반복되어 상담은 꽤 오랜 시간이 걸렸다. 도차장은 3시간의 대화를 문서로 정리했고, 최종적으로 우리 세 사람은 도차장의 노트북을 번갈아보며 수정할 부분을 확인했다. 세 명 모두 상담 문서 내용에 합의한 후 그 자리에서 문서를 인쇄했다. 각자 문서에 서명했고, 도차장과 임과장은 상담자로서 비밀유지각서에 서명하는 것도 잊지 않았다.

"새빛 사원님, 3시간 동안 수고 많으셨습니다."

도차장이 미소를 띠며 말했다. 진중하고 사람이 좋다던 평판에 걸맞은 온화한 미소였다.

"네. 차장님도 수고 많으셨어요."

"상담은 이걸로 끝났습니다. 오늘 상담한 내용을 토대로 최차장님에 대한 조사가 진행될 거예요. 아! 혹시 참고인으로 조사받을 만한 사람이 있나요?"

도차장은 내 진술을 뒷받침해줄 참고인을 물었다.

"음, 임지환 사원이랑 김소영 차장님 두 분이요. 김소영 차장님은 사건 직후 저랑 단둘이 카페에서 이야기를 나눴고, 임지환 사원한테는 제가 사건 직후에 바로 카톡으로 상황을 알렸거든요."

참고인 또한 비슷한 방식으로 조사를 받을 예정이었기 때문에, 두 사람에게 시간적 부담을 주는 것 같아 미안한 마음이 들었다.

"여의도 지사의 임사원님, 김차장님 두 분이라는 거죠? 알겠습니다. 혹시 추가로 질문할 사항이 생기면 연락드리겠습니다."

"네, 감사합니다."

나는 웃으며 회의실을 나왔다.

사건은 고충위원회 차원으로 올라갔기 때문에 더 이상의 내부 직책자 면담은 없을 것이라고 생각했다. 나는 이제 내 업무에 집중하며 조사가 잘 진행되기를 기다리기만 하면 된다고 생각했다. 그런데 성희롱 고충 상담을 받고 며칠 뒤 지사장이 나에게 면담을 요청했다.

지사장은 나를 만난 지 한 달도 되지 않았지만, 최차장과는 몇 년을 함께 했으니 나보다 최차장에게 큰 애정을 가지고 있을 것이라고 생각했다. 최차장이 잘못을 하긴 했지만, 지사장은 그의 오랜 동료이고 여의도를 담당하는 직책자로서 최차장의 인사이동을 원치 않을 것이다. 그렇기에 지사장이 내 마음을 돌리려고 할 것이라고 예상할 수 있었다. 게다가 지난번에 지사장과 전화를 한 후 나는 그녀에 대한 신뢰도가 낮아진 상태였다.

나는 그녀와 단둘이 엘리베이터에 탔다.

"그래, 요즘 고객사는 다니고 있고?"

좁은 엘리베이터 안에서 우리는 적당한 거리를 두고 마주 봤다. 쌍꺼풀이 크게 진 커다란 눈과 살짝 던지는 듯한 말투에 역시나 긴장이 됐다. 팔짱을 끼고 서 있는 그녀 앞에서 나는 위축됐다. 사내 카페가 있는 10층에 도착했을 때, 나는 참았던 숨을 내쉬듯 엘리베이터에서 급히 내렸다. 지사장은 북적북적한 카페 한구석으로 나를 데려갔다.

"최차장 일은 잘 진행되고 있어? 요즘 힘든 일은 없어?"

지사장은 내 앞에 마주 앉아 물었다.

"사람들이 저를 어떻게 보는지 두렵기도 하고, 소문도 그렇고 걱정되는 부분은 여전히 있어요."

"최차장은 어떻게 하기로 한 거야?"

"부문 인재팀 상담은 마쳤고, 이제 최차장님을 조사한다고 해요."

그녀는 따뜻한 목소리로 나에게 이것저것 물었고, 우리는 아무렇지 않게 대화를 나누었다. 지난번 전화에서 동료들끼리 어깨동무 정도는 할 수 있다며, 내가 귀여워서 최차장이 만졌을 것이라고 말한 그녀였기에 방심할 수 없었다.

"새빛이 네가 최차장을 신고하면 소문은 막을 수 없는 거야."

그녀는 확언했다. 나의 걱정과 사건의 진행 상황을 듣고, 지사장은 본론으로 들어갔다.

"내가 두 가지 선택지를 줄게. 하나는 너가 원하는 대로 최차장을 신고해서 최차장이 인사이동을 하는 거야. 그러면 너는 최차장을 보지 않아서 좋겠지만, 네가 걱정하는 2차 가해와 소문이 나는 건 막을 수 없어. 두 번째는 최차장이 여의도에 남아있는 거야. 이렇게 되면 소문은 나지 않겠지? 내가 여의도 지사 내의 2차 가해나 잘못된 인식들은 바로잡아줄게."

그녀가 제시한 두 가지 선택지는 이랬다.

① 최차장의 인사이동 O, 소문 O, 2차 가해 O

② 최차장을 인사이동 X, 소문 X, 2차 가해 X

그녀는 나에게 둘 중에 한 가지를 선택하라고 했다.

나는 이 선택지를 왜 지사장이 '주는지' 이해할 수 없었다. 왜냐하면, 나는 이미 신고를 했기 때문에 이제 이 사건은 여의도 지사 차원의 문제가 아니었다. 그리고 부서 이동을 하지 않더라도 2차 가해와 소문은 이미 당했으며 이는 막을 수 없다는 것을 안다. 나는 그녀에게 인사이동과 소문이라는 두 가지 요소는 서로 반비례하지 않는다고 말하고 싶었다.

신고와 소문 및 2차 가해 방지라는 선택지에서 지사장의 의도를 느낄 수 있었다. 내가 주변의 반응에 예민한 것을 알고 이를 통해 최차장의 인사이동을 막으려는 의도로 느껴졌다. 그녀는 내가 소문이 안 나는 쪽을 선택할 것이라고 생각한 것 같았다. 물론 소문과 2차 가해가 두려운 것은 사실이었지만, 내 대답은 NO였다.

최차장의 인사이동을 막고 싶어 하는 지사장을 마주 보고 앉아있으니 불편했다. 그녀는 내가 계속 몸담을 여의도 지사의 최고 직책자인데, 그녀의 의사에 반하는 결정을 할 것이니 말이다. 나는 마음을 굳게 먹고 신고를 했고, 어떤 이야기를 들어도 선택을 바꾸지 않을 것이다.

"소문보다는 같은 공간에서 최차장님 얼굴을 마주 보는 게 더 힘들어서, 최차장님이 다른 곳으로 이동했으면 좋겠어요."

내 의사를 밝혔다. 지난번 통화처럼 지사장은 택시를 타고 오겠다는 등 내가 거절해도 무리한 요구를 계속할 것만 같았다. 하지만 이번에는 그때와 다르게 빠르게 납득을 했다. 지사장은 나의 선택이 의외라고 말했으며 알겠다고 했다.

나는 훗날 이 말이 안 되는 선택지를 가지고 지사장과 또 면담하게 될 줄 몰랐다.

아침에 강차장과 티타임을 가졌다. 일이 어떻게 진행되고 있냐고 묻는 강차장에게 진상 규명을 위해 조사가 진행되는 중이라고 했다.

"임사원이랑 김차장님도 조만간 참고인으로 조사받는대요. 그 이후에 최차장님도 똑같이 조사받고요. 성희롱 판정 여부 결과가 나오기까지 시간이 꽤 오래 걸릴 것 같아요."

"그래? 많이 지치겠다."

"사실 얼마 전에 최차장님한테 전화 왔거든요. 최차장님이 지하 회의실로 출근해서 안 보이니까 괜찮았었는데, 전화가 오니까 불안해요."

"응? 언제 전화했어? 팀장님한텐 말했어? 뭐래?"

강차장은 놀라며 물었다.

"그냥 뭐, 그렇죠……. 미안하다고 하고. 그런데 또 생각 안 난다는 말은 똑같이 하고."

"웃겨 참. 새빛아, 최차장이 사건 있고 며칠 뒤에 나한테 너 설득 좀 해달라고 했었어."

"네?"

"내가 너 옆자리고, 동성이니까 내 말은 들을 거라고 생각했나 봐."

"그래서 뭐라고 하셨어요?"

"웃기지 말라고 했지. 그 사람은 정신 좀 차려야 돼서 내가 뭐라고 했어. 엄청 서운해하더라."

"사이 완전 틀어지셨겠네요."

"상관없어."

강차장은 평소와 같이 쿨하게 말했다. 강차장은 뒤에서 나
모르게 내 편이 되어주고 있었다. 내 인사를 받아주지 않고,
내 욕을 하는 사람이 있는 반면 적극적으로 목소리를 내어주
는 사람도 있었다. 강차장의 지지는 나에게 큰 힘이 되었다.

간절한 취준생과
퇴사하고 싶은 신입사원

제안서 작업을 끝냈지만, 딱히 하는 일이 없었다. 고객사를 배정받아야 했지만, 아직 받지 못했다. 선배들이 전담하는 고객사 몇 군데를 따라다니고, 사무실에서 홀로 공부를 하는 등 의미 없이 하루를 보내고 있었다.

본사 인사팀에서 신입사원들에게 신입사원 경진 대회를 알리는 메일을 보냈다. 본사 인사팀은 신입사원의 입사 1주년을 맞이하여 신입사원의 아이디어를 사업부서와 토론하는 경진 대회를 기획하고 있었다. 인사팀에서 사전에 인당 아이디어를 하나씩 제출하라고 요청했다. '지금 내 상황이 어떤 상황인데 아이디어야'라는 생각에 나는 회신하지 않았다. 인사팀 담당자는 나에게 몇 번 재촉 메일을 보내더니 결국 지사장에게까지 메일을 보냈다. 결국, 지사장의 재촉으로 나는 급하게 아이디어를 쥐어짜 인사팀에 제출했다.

'신입사원 경진 대회라니…… 나 아직 신입사원이구나.'

나는 아직 입사한 지 만 1년도 되지 않은 신입사원이었다. 그런데 나는 본사 인사팀 메일에도 회신하지 않고, 경진 대회도 당연히 참여하지 않으려고 했다. 무력함을 느끼고 있었다.

OPIc 시험료 77,000원을 결제했다. 하반기에 다른 회사에 입사 지원을 하기 위해 OPIc 시험을 준비하고 있었다. 시험료를 결제하면서 다시 한번 직장인의 장점을 느꼈다. 몇 년 전 학생의 신분으로 공인 영어성적을 만들던 시절에는 77,000원이 부담스러워 성적이 만족스럽지 않아도 시험에 재응시하지 않았다. 10점만 더 있으면 윗레벨의 성적표를 받을 수 있지만, 금전적 부담이 성적의 아쉬움보다 컸다. 학생 때는 친구와 함께 영어 학원에 등록하여 소소한 수강료 할인을 받았지만, 재취업을 준비하는 지금은 오로지 내 시간에 맞춰 수업을 신청하고, 원하는 성적이 나오지 않았을 때 고민하지 않고 바로 다음 시험을 결제했다. 그렇게 77,000원의 가치는 달라졌다.

은행 앱 알림에 뜬 77,000원을 바라봤다. 돈을 버는 직장인이 되었다는 사실은 축복처럼 느껴졌다. 꾸준히 들어오는 월급이라면 아직 상환도 시작하지 않은 600만원의 학자금 대출도 금방 갚을 수 있을 것 같았다. 그리고 부모님의 부담도 덜어드릴 수 있을 것 같았다. 그렇기에 직장을 쉽게 포기할 수 없다는 것을 잘 알고 있었다.

하지만 하루에도 마음이 여러 번 왔다 갔다 했다. 선배들을 보며 우리 회사의 장점을 느낄 때는 OPIc 책을 찢어버리고 회사에 정착하고 싶다가도, 무력감이 밀려올 때는 당장에라도 퇴사하고 싶었다. 회사 내에서 욕심이 생기지도 않고, 의욕도 없고, 쉬고 싶은 마음이 컸다. 무엇보다 마음이 좋지 않았다. 왜 이렇게 약한 생각밖에 들지 않는 걸까? 회사를 다니는 이유도 모르겠고, 하고 싶은 것도 모르겠고, 힘과 의욕도 없었다. 왜 이렇게 되었을까.

2년 전 11월의 마지막 날 밤, 나는 홀로 방안에서 울고 있었다.

최종면접에서 떨어졌다. 첫 취업 준비였고, 최종면접까지 간 곳이 한 군데뿐이었기 때문에 최종탈락은 큰 실패처럼 느껴졌다. 누가 밝은 목소리로 '괜찮아', '처음이잖아'라는 말이라도 꺼낼세라 먼저 방패를 쳤다. 주변에서는 '그래, 스물네 살이면 어리지', '어떻게 첫술에 배부르겠어'라며 열심히 위로해주었다. 심지어 어떤 친구는 '너를 놓친 그 기업은 후회할 거야'라고 오버하며 위로해주었다. 나는 '맞다'고 웃으며 말했다. 하지만 마음 한구석의 쓸쓸한 생각들이 스멀스멀 올라왔다.

나를 세상에서 가장 무의미한 존재로 만드는 생각은 접고, 다른 생각을 하며 나를 위로해봤다. 취업이 되지 않아 좋은 점을 찾아보는 것이다. 여행할 수 있는 자유 시간이 생겼고(비록 돈은 없지만), 진로를 탐색해볼 기회가 생겼다. 또한, 운명론적인 생각도 해본다. '은행은 나와 맞지 않는 거야. 내년에는 은행은 제외하고 지원해야겠어'라며. 마지막으로 그 은행이 10년 후에 큰 구조조정을 하며 사회적 이슈가 되는 상상을 하면서 마무리한다. 순간 최종면접에서 탈락한 게 정말 잘된 일인 것처럼 느껴졌다. 더 좋은 곳에 취업하겠다고, 잘됐다고.

하지만 거짓말이었다. 기대했기에 실망이 컸고, 불안감은 더 커졌다. 취업이 어렵다는 것은 인터넷에서만 보았지, 오만하게도 취업난은 남의 이야기일 줄만 알았다. 인턴 경력이라도 쌓기 위해 인턴 공고로 빠르게 눈을 돌렸다. 다행히 아직 모집 중인 공고들이 있었지만, 인턴 자리조차 구하기 쉽지 않았다. 급하게 여기저기 지원했고, 전혀 관심 없는 업종에서 인턴을 하게 되었다. 인턴 경력이 내 취업에 도움이 될지 의문스러웠지만, 인턴이라도 하지 않으면 불안감이 나를 집어삼킬 것 같았다.

입사 1달 후 연차휴가를 내고 졸업식에 갔다. 오래간만에 밟는 초록 교정이 정겨웠고, 오래간만에 보는 동기들이 반가웠다. 개중에는 취업을 하고 졸업하는 동기도 있고, 취업하지 않은 상태에서 졸업하는 동기도 있었다. 나는 취업을 할 때까지 졸업유예를 한 상태였기 때문에 전자였다.

취업 여부와 상관없이 우리는 서로 축하인사를 나누며 학사모를 던졌다. 해가 뜨겁게 내리쬐는 한여름이었기 때문에 두꺼운 졸업 가운에 학사모를 쓰고 있는 것 자체가 고역이었다. 그럼에도 대학 생활의 마지막이라는 생각에 미소를 잃지 않은 채 열심히 사진을 찍었다.

친한 친구가 플래카드를 만들어주었다. 'OO과 여신 유새빛 OO기업 길만 걸어'라는 문구가 크게 적혀있었다. 졸업식 당일에는 OO기업 길만 걷는 게 꽃길만 걷는 것과 같은 뜻일 것이라 생각했다.

졸업 가운을 반납하러 올라간 과 사무실에는 얼굴을 모르는 후배들이 자리를 지키고 있었다. 책상에 종이와 펜이 놓여있었다.

"선배님, 이것 좀 적어주세요."

졸업하는 학생들이 본인의 신상을 기록하는 서류였다. 이름, 학번, 어디에 취업했는지 등 이미 자신의 신상을 적고 간

졸업생들의 흔적이 있었다. ○○전자, ○○그룹, ○○공단 그리고 공란들. 공란을 보며 반년 전 울고 있던 내 모습이 떠올랐다. 최종면접에서 떨어졌을 때 느꼈던 절망감, 다른 사람들의 합격 소식을 듣고 진심으로 축하해줄 수 없었던 찌질함, 지푸라기라도 잡는 심정으로 시작한 타업종 인턴, 뒤처진다는 생각, 앞이 보이지 않는 불안감, 부모님에 대한 미안함. 취업 준비를 하는 1년 동안 복합적인 감정을 느끼며, 취업의 어려움과 취준생의 간절함을 알게 되었다.

그렇기에 나는 퇴사가 장난으로 말할 만큼 쉽지 않다는 것을 안다. 다시 앞이 보이지 않는 취업 시장에 뛰어들고 싶지 않다.

그런 내가 진심으로 퇴사를 고민하고 있었다.

두 번째 전화

"여보세요."

"세영씨인가요?"

"왜 전화하셨어요?"

"그쵸 왜 전화했는지……. 아! 전화한 목적이 있어요. 확실해요! 어…… 저는 유세영씨의 선배입니다. 유세영씨는 제 후배입니다. 이것만은 꼭 지켜주세요. 저를 독대해보든 어디를 보든 인사 좀 해주시고! 저도 인사를 하겠습니다! 너무 힘듭니다. 정말 그것도 안 되겠습니까? 제가 오늘 유세영씨의 집 앞으로 가려다가 한강에 와있습니다……. 저 진짜 참을 수 없는 게 그거 하납니다. 유세영씨, 저를 선배로 생각해줄 수 없나요?"

밤 11시. 행위자로부터 또 한 통의 전화가 왔다.

내가 사는 곳은 한강 앞에 위치한 회사 사택. 집 앞으로 찾

아가려다가 한강에 와있다는 말을 듣고 온몸에 소름이 돋았
다. 순간 얼마 전 미투로 그간에 저지른 성범죄가 세상에 알
려지자 자살한 방송인이 생각났다. 피해자는 그가 아니라 나
임에도 '혹시 그가 한강에 뛰어내리는 극단적인 선택을 하는
건 아닐까'라는 생각이 들며 그의 안위가 걱정되었다. 또한 내
거주지를 알고 있으니 언젠가 사택으로 찾아와 나를 위협하
는 건 아닐지 걱정이 꼬리에 꼬리를 물었다.

"제가 선배라는 사실이 확실하고 유세영씨는 후배잖아요.
그것만 좀 지켜주셨으면 좋겠습니다. 유세영씨 입장에서 제
가 얼마나 파렴치한지 모르겠지만, 저를 보면 얼굴 피하지 마
시고 목례 한 번 해주세요."

술에 취한 그는 되도 않는 말을 했다. 인사를 하고 안 하고
그것이 중요한가.

"저 되게 괴롭습니다. 하…… 저 죽을죄 안 졌거든요! 진짜
유세영씨한테!"

"저 유세영 아니고 유새빛입니다."

"아, 죄송합니다. 저 정말 무릎 꿇고 싶지만, 어차피 일은 이
렇게 된 것 같고요. 절 보면 너무 싫어하진 마시고, 인사만 해
주셨으면 좋겠습니다. 저도 후배라고 생각하고 미워하지도
않을 거고. 정말 이쁘게 보려고 애를……. 애를 쓰는 게 아니고

이쁘게 보려고 합니다! 서로 그것만 합시다. 우리가 뭐 서로 큰 죄를 진 건 아니잖아요……. 제발 그거 한 가지만 부탁합시다. 서로 미워하지는 맙시다."

서로 미워하지 말자니. 그가 나를 미워하는 이유도, 그렇다고 나를 이쁘게 보려고 노력하는 것도 이해할 수 없었다. 나에 대해 미운 감정, 좋은 감정을 가지지 않고 오직 미안한 마음만 가졌으면 좋겠다.

조사가 끝나길 기다리는 날들이었다. 최차장의 근무지가 지하로 분리되긴 했지만, 여의도 건물 내에서 그를 몇 번 마주친 적이 있었다. 당황스러웠고 심장이 미친 듯 쿵쾅거렸기에 당연히 모른 척했다. 그는 내가 모른 척하는 것이 그렇게 견디기 힘들었을까. 본인이 무시당하는 기분이 들고, 파렴치한이 되는 기분이 들었을까. 그래서 그 억울함과 속상함을 토로하기 위해 밤 11시에 피해자에게 전화해 선후배 타령을 한 것일까. 그는 역시나 내 감정을 하나도 이해하고 있지 않았다.

다시 생각해도 그의 사과는 진정성이 없었다.

심의위원회

근무 중 도차장으로부터 전화가 왔다.

"새빛씨, 안녕하세요."

도차장은 여느 때처럼 밝은 목소리로 이야기했다.

"행위자 조사, 참고인 조사가 이제 다 끝났고요, 심의위원회가 다음 주에 열릴 예정입니다."

"아…… 드디어 하는군요!"

밝은 목소리로 대답했다. 나는 심의위원회를 목이 빠지게 기다리고 있었다. 신고를 접수한 날로부터 벌써 3주가 지났다. 사규에는 조사를 20일 이내로 진행한다고 적혀있었는데, 생각보다 시간이 꽤 걸렸다. 그 시간 동안 나는 조금씩 무력감을 느끼고 있었다.

"심의위원회는 한마디로 성희롱 성립 여부를 판단하는 자리예요. 조사한 내용을 토대로 위원들이 판단할 거고, 성희롱 성립 여부에 따라 피해자 보호 방안을 논의하고 징계위원회도 열 거예요. 오전에는 새빛씨가 심의위원회에 들어가고, 오후에는 최차장님이 들어갈 거예요."

"위원은 누가 오게 되나요?"

"여러 조직에서 골고루 선발했어요. 위원장은 B2B사업본부장이고요. 본사 법무실 소속 변호사도 참석합니다."

변호사까지 참석한다는 말을 듣고 이 위원회의 무게가 느껴졌다.

"다수결에 의해 의사결정을 하게 될 거예요. 그리고 위원 관련해서 새빛씨에게 여쭤볼 게 있어요. 혹시 위원 명단을 보시고 피하고 싶은 분이 있으면 말씀해주세요. 피해자 보호를 위해 기피 신청을 하는 거예요."

나는 도차장이 보낸 위원 명단 파일을 열어봤다. 명단에는 내가 알지 못하는 변호사가 있었고, 서울 지역 영업 조직의 직책자 4명이 있었다. 4명 모두 내가 아는 사람이었다. 센터장, IT기획 팀장, 회계 팀장, 여의도 지사 2팀장이었다. 처음 발령을 받고 7개월 동안 있었던 영업 지원 센터의 직책자가 3명이나 있었다. 헤어질 때 잘 지내라며 아쉬운 인사를 나누고 왔는데, 발령이 나고 2달이 안 되어서 속상한 일로 다시 얼굴을 보게 되어 기분이 이상했다.

"기피 신청을 하시겠습니까?"

"아니요. 괜찮습니다."

안면이 있는 사람들이니 내 일에 공감해줄 것 같아 안심이 되는 한편, 여러 사람이 이 일을 알게 되어 민망했다.

심의위원회 며칠 전에는 별 감흥이 없었고 당연히 성희롱 인정으로 결과가 날 것이라고 생각했다. 하지만 디데이가 다가오니 불안해졌다. 도차장은 추가로 제시할 증거자료가 있으면 제출하라고 연락을 했다.

"성희롱을 당한 직후에 임사원에게 상황을 알리는 메시지가 있는데, 이걸 캡처해서 보내도 될까요?"

"네, 좋습니다."

"아, 그리고 메시지가 더 있어요. 비슷한 맥락으로 다른 친구들에게 상황을 알리는 메시지를 보냈어요."

"그럼 그것도 보내주세요."

"그런데 그게 좀……. 친구들이 회사를 욕하는 내용이 섞여 있어서요."

해당 메시지에서 나는 다른 회사 친구들에게 피해 사실을 알렸고, 친구들은 이전 성희롱 사건까지 언급하며 우리 회사를 욕하는 발언을 했다. '지난번에도 성희롱하는 사람이 있었는데 이번에도야?', '너희 회사에 XX들 왜 이렇게 많아' 등의 발언이 섞여 있어 이 자료를 제출해야 할지 판단이 서지 않았다. 회사를 욕하는 내용을 보면 위원들의 기분이 상할까 봐 걱정되었고, 위원들이 이전의 성희롱 사건까지 물어볼까 봐 걱정되었다. 이전 성희롱의 행위자 우과장을 용서하는 것은 아니지만, 그 사건은 덮고 넘어가고 싶었다.

"위원들이 판단하는 데 도움이 될 것 같으면 제출하시면 됩니다."

"차장님, 그리고 행위자 전화를 녹취한 것들이 있는데, 이것도 제출하면 좋을까요?"

"본인이 생각했을 때 심의에 도움이 될 것이라고 판단되면 제출하시면 됩니다."

도차장은 내 질문에 명쾌한 대답을 주지 않았다. 어떤 자료들이 심의에 도움이 될지 내 머리로는 판단할 수 없었다.

"혹시 사내 변호사를 통해 자문을 받으며 위원회를 준비할 수 있을까요?"

"글쎄요, 사내 변호사들은 주로 사업 관련 자문을 하고 개인적 자문은 하지 않는 거로 알고 있거든요."

그의 대답은 만족스럽지 못했다. 직원 고충을 해결하기 위하여 고충상담원과 고충위원회는 존재했지만, 내가 살아남기 위한 전략을 짜는 것은 오롯이 나의 몫이었다.

결국 자료 준비는 스스로 해결해야 했다. 행위자에게 두 차
례 걸려온 전화 녹취 파일을 제출해야겠다고 생각했다. 주된
녹취 내용은 선한 의도였고, 기억은 잘 나질 않지만 미안하고
용서해달라는 내용이었다. 기억이 잘 나지 않는다는 내용이
주를 이루었기 때문에 성희롱 인정에 도움을 주는 자료는 아
니었다. 그럼에도 이 자료를 제출해야겠다고 생각한 이유는
내가 얼마나 심리적으로 힘들었는지를 위원들에게 전달하고
싶었기 때문이다. 행위자로부터 늦은 시간에 전화가 오는 일,
행위자의 납득하기 어려운 발언들을 듣는 일은 굉장한 스트
레스였다.

퇴근 후 녹취 파일을 문서화시켰다. 꽤 긴 전화 통화였다.
3시간 동안 녹취 파일을 들으며 받아 적었고, 중요하다고 생
각하는 부분은 빨간색으로 표기했다. 전화 통화는 이미 겪어
서 알고 있는 내용이었지만, 다시 들으니 속에서 화가 올라왔
다. 그는 사과를 거듭했지만, 사과 후에 쓸데없이 말을 덧붙
였다. 그 말에서 미안함보다는 억울함이 느껴졌다. 어떻게 본
인이 한 행동이 성추행은 아니라고 말을 할 수 있을까.

심의위원회에 참석한다는 것 자체가 큰 부담으로 느껴졌다.
압박감에 쉽게 잠을 이룰 수 없었다. 귀 뒤쪽이 찌릿찌릿했다.

나는 회식 이후로 부서 사람들의 시선을 신경 쓸 수밖에 없었다. '처음' 만난 사람들 사이에서 '처음' 겪는 일이었다. 나와 직접적으로 얘기를 나눠보지 않은 다른 팀 선배들에게 나의 첫인상은 성희롱을 당한 후 신고한 신입사원일 것이고, 그들이 나를 어떻게 생각할지 알 수 없었다. 그래서 매 출근이, 부서 사람들을 만나는 매 순간이 두려웠다. 심의위원회가 열리기까지 한 달 반의 시간 동안 나는 움츠러들었다.

주눅 들고 불쌍한 이미지를 풍기는 것이 피해자다워 보인다는 인식이 있었다. 당당한 모습은 피해자에 어울리지 않는다고 생각했다. 이러한 인식 때문에 심의위원회에서 수수하고 생기 없는 모습을 보여주어야 할지 고민되었다. 초췌한 모습이 나의 불안감과 힘든 시간들을 시각적으로 나타내줄 수 있을 것 같았다.

그럼에도 나는 위원들에게 당당한 모습을 보여주고 싶었다. 움츠러들지 않고 내 생각을 말하고 싶었다. 새로 산 빳빳한 하얀 셔츠에 초록색 롱 스커트를 입고 베이지색 구두를 신었다. 거울에 비친 나는 자신감 있어 보였다.

심의위원회가 시작되기 30분 전 본사 건물에 도착했다. 부문 인재팀의 막내 소과장이 나를 기다리고 있었다. 소과장, 도차장, 임사원과 나는 한 달 전에 영업 직무 신입사원 케어 취지로 함께 밥을 먹은 적이 있다. 사건이 있고 난 직후였지만 신고를 하기 전이었기 때문에 부문 인재팀 선배들은 내가 겪은 일을 당시에는 몰랐다. 나는 신고를 고민하고 있었고, 선배들에게 하고 싶은 말들을 꾹꾹 참으며 하하 호호 웃으면서 샤브샤브를 먹었다. 소과장은 그때를 회상하며 "지난달에 밥 먹을 때 이미 이 일이 있었던 거죠……"라고 이야기하며 말끝을 흐렸다.

"아직 회사에 썩은 부분들이 존재하는 것 같아요. 선배로서 더 나은 회사를 만들지 못해서 미안해요. 신입사원들을 더 케어했어야 하는데……. 너무 힘든 일을 신입사원 때 겪었네요. 선배로서 미안해요."

그는 연이어 사과했다. 그리곤 위원회가 어떻게 진행될지 설명해주었다.

"회의실에 들어가면 위원장과 위원들이 책상 앞에 가로로 길게 앉아있을 거예요. 그리고 위원장이 판사 봉을 사용하는 상당히 딱딱한 분위기일 거예요."

소과장은 평소와 달리 웃음기 없는 진지한 얼굴로 말했다.

"제가 여러 위원회를 진행하면서 관찰해보니까 좌석 배치나 B2B사업본부장님이 위원장으로 참석하는 것 때문에 분위기에 압도되는 분들이 많더라고요."

"저도 긴장이 많이 될 것 같아요."

"그런데 오늘이 정말 마지막이 될 거예요. 오늘을 마지막으로 더 이상 여기저기 다니면서 면담하고 조사받는 일 없을 거고, 다 정리될 거예요. 그러니까 쫄지 말고 후회 남지 않게 할 말 다하고 와요."

쫄지 말라는 그의 조언에서 진심이 느껴졌다.

비록 몇 번 만나지 않은 사람이었지만, 심의에 들어가기 전 짧은 대화 동안 나는 용기를 얻었다. 마지막이니 후회 없이 할 말 다하고 오겠다고.

"옆방에서 위원들은 지금 조사 자료랑 새빛씨가 제출한 증거자료 읽고 사전 토론 진행 중이에요. 조금만 더 있다가 입장할 거예요."

30분의 대기시간이 지나고 11시가 되자 옆방에서 '땅땅땅' 판사 봉 소리가 들렸다. 내가 입장할 때가 된 것이다.

나는 홀로 위원들을 마주 보며 앉았다.

왼쪽 끝부터 오른쪽 끝까지 주욱 둘러봤다. 익숙한 직책자들이 보였고, 가운데에는 실제로 몇 번 본 적 없는 B2B사업본부장이 위원장으로 앉아있었다.

"안녕하세요."

긴장되는 목소리로 건넨 인사에 아무도 대답하지 않았고, 침묵 속에서 몇 사람이 눈인사를 해주었다. 소과장이 말한 대로 엄숙하고 긴장될 수밖에 없는 분위기였다. 여름이었지만 넓은 회의실에 썰렁한 공기가 맴돌았다.

"본인의 소속과 이름 말씀해주세요."

도차장이 말했다.

"네. 저는 B2B사업본부 법인영업 담당 여의도 지사 1팀 소속 유새빛 사원입니다."

"진행에 앞서 사실 진술 서약서를 받아주시길 바랍니다."

나는 침묵 속에서 사실만을 진술하겠다고 서약서에 사각사각 사인했다.

B2B사업본부장이 진행하기 시작했다.

"본 위원회는 신고인 유새빛 사원이 제보한 성희롱 사건의 성립 여부를 판단하는 자리입니다. 진술 과정에서 성희롱 제보 내용과 관련 없는 발언이나 방해되는 행동을 하시면 제한하겠습니다. 사실에 입각하여 발언해주시고, 발언할 때는 손을 들고 말씀해주세요. 위원분들은 지금부터 의문사항이 있거나 사실 확인이 필요한 내용이 있으면 질의해주시고, 신고인도 위원회가 알아야 할 사실이 있다면 전부 진술하여주시길 바랍니다."

회의실에 위원장의 목소리가 울려 퍼졌다.

위원들이 서류를 뒤적이며 읽기 시작했다. 고개를 숙이고 있는 그들 사이로 서류를 넘기는 소리만 들렸다.

"불편하면 답변 안 하셔도 됩니다. '너는 여의도의 꽃이다' 라는 말을 들었다는 건데, 상황이 어땠는지, 다른 말은 없었는지 설명해주세요."

변호사가 처음으로 질문했다.

나는 감정을 배제하고 차분히 대답하려고 노력했다.

"배치를 받은 지 5일째 되는 날이었고, 5일 동안 저는 정현석 사원과 제안서를 쓰느라 여의도 지사 옆 건물 회의실로 출근해 여의도 선배들을 거의 못 본 상황이었습니다. 금요일 이른 저녁 여의도 지사 전체 회식에 참여했고, 2차 회식 자리로 이동하는 과정에서 화장실 앞에서 최차장님을 만났습니다."

"서두의 말이 없이 바로 꽃이라는 얘기를 했다는 거죠?"

센터장이 질문했다. 예전에 이대리와 나를 장난스럽게 엮곤 하던 사람이었다. 위원회장에 앉아있는 그의 모습에선 장난기를 찾아볼 수 없었다.

"네."

"신고인이 보시기에 피신고인이 술을 과하게 먹거나 그런 느낌은 받지 않으셨나요?"

"저는 1차에서 그분이 얼마나 마셨는지 모르지만, 말이 어눌하거나 얼굴이 빨갛지는 않았습니다. 얼마 전에 사과 자리

에서 만났는데, 그때 3팀장님 말씀으로는 원래 최차장님이
이럴 분이 아닌데 술도 드시고 기분이 업 되셔서 그랬다고 표
현을 하셨습니다. 하지만 제가 느끼기에는 인사불성이거나
취해 보이진 않았습니다."

위원들의 눈동자에는 흔들림이 없었다.

"그간의 모든 사실은, 저희가 가지고 있는 조사 결과서에
전부 들어있는 거죠? 추가로 저희한테 얘기하실 내용이나 사
실이 있나요?"

"좀 전에 증거자료로 통화내역을 제출했는데요, 행위자한
테 전화가 와서 심적 부담이 됐다는 얘기를 하고 싶었습니다.
또한 '기억이 안 나지만 새빛씨가 그렇게 얘기하니까 이렇게
인정을 하잖아요'와 같은 자신의 행위를 인정하는 발언이 들
어있어서 발췌했습니다."

나는 추가로 제출한 증거자료에 대해 설명하며 위원들을
주욱 둘러봤다. IT기획 팀장은 서류를 보며 눈썹을 찡그린 채
고개를 끄덕이고 있었다.

"이 두 가지를 가지고 모든 사항을 설명할 수 있다는 거죠?"

"네."

"혹시 누구한테 상담한 적이 있으세요?"

변호사가 입을 열었다.

"네. 일차적으로 김차장님께 당일에 얘기했고, 같은 부서에 있는 동기 임사원한테도 의지했습니다."

침묵이 흘렀다.

"그럼 다 얘기하셨고, 추가적인 질문이 없는 것 같네요. 마지막으로 하실 말씀 있으면 하세요."

위원장이 말했다.

나는 최후의 발언을 시작했다.

"이 사건이 6월 말에 일어났는데 그때가 법정 필수 교육인 성희롱 예방 교육 기간이라서 모든 직원이 온라인으로 성희롱 예방 교육을 받았습니다. 그런데 다들 아시겠지만, 동영상 교육이라고 하면 다들 틀어두기만 하고 실제로 보는 사람은 많지 않습니다. 교육 동영상에 '어깨를 만진 것은 좋은 의도일지라도 성희롱이다'라는 내용이 분명히 있었는데도, 최송훈 차장님은 '선한 의도인데 이게 성희롱이냐', '이거는 성추행까진 아니지 않느냐'라고 말했습니다. 최차장님을 보면서 '교육이 이뤄지지만 제대로 공부하는 사람이 얼마나 있을까?'라는 생각이 들었습니다. 앞으로는 성희롱 예방 교육이 전사 집합 교육으로 진행되었으면 좋겠고, 가능하다면 동의를 얻어 실제 사례를 공유하면 예방 효과가 크지 않을까 건의드립니다."

"바로 사과도 했다고 들었는데, 진정성이 없다고 느끼세요?"

위원장이 질문했다.

"네, 금요일에 사건이 있고 최차장님이 월요일에 사과하셨는데……."

"당일은 안 했고?"

위원장이 말을 끊고 물었다.

"네. 당일에는 당사자가 하진 않았고, 직책자분들이 전화를 많이 했습니다. '다시 오면 안 되냐', '집 앞으로 가겠다' 등의 말씀을 하셨습니다. 이미 다들 술에 많이 취해있어서 월요일에 뵙자고 했습니다. 월요일 사과 자리에서 3팀장님과 정현석 사원이 '잘못한 건 맞는데, 이분이 원래 그런 분이 아니다'라고 말씀하시는 걸 보고 진정성이 느껴지지 않았습니다."

"더 할 말은 없나요?"

위원장은 코에 걸쳐진 안경을 올리며 물었다.

"최차장님이 저희 팀 분들한테 저를 설득해달라고 요청하고 다니셨습니다. 더 이상 그런 요청도 없었으면 좋겠습니다."

"알겠습니다. 수고하셨습니다. 퇴장하셔도 좋습니다."

조용히 인사를 하고 나왔다. 처음과 마찬가지로 아무도 대답하지 않았다.

8월의 뜨거운 태양이 내리쬐고 있었다. 음악을 들으며 건물 옆에 수풀이 많은 샛길을 걸었다. 밝은 여름 풍경과 어울리는 쨍한 초록색 치마와 바스락거리는 하얀 셔츠의 촉감이 좋았다. 이 순간이 홀가분하고 평화롭게 느껴졌다.

위원회가 끝나고, 나는 3일간 연차 휴가를 사용했다. 위원회 다음 날 오전, 도차장에게 전화가 왔다. 나는 침대에 누워 전화를 받았다.

"새빛 사원님, 어제 수고 많으셨습니다. 심의위원회 결과가 나오는 즉시 메일로 알려드리겠습니다."

"네, 차장님도 수고 많으셨습니다. 감사합니다."

심의위원회가 끝나 긴장이 풀리는 한편 혹시나 성희롱 인정으로 판결이 나지 않는 건 아닐까 하는 불안한 마음도 있었다. 나는 꾸준히 핸드폰으로 메일을 새로고침 하며 결과 메일이 오지 않았는지 확인했다. 새 메일이 도착할 때마다 마음을 졸이며 메일을 열었다. 그렇게 이틀이 지난 오후, 도차장이 보낸 메일을 떨리는 마음으로 열어봤다. 메일에 '성희롱 인정'이라는 단어가 가장 먼저 눈에 들어왔다. 미소가 지어졌다.

"하하."

웃음이 났다. 포근한 이불에 얼굴을 파묻고 베개를 끌어안은 채 이리저리 뒹굴었다. 느지막한 오후 시간, 떡진 머리와 잠옷 차림으로 작은 승리를 만끽했다.

『본 고충심의위원회는 신고인의 진술과 제출한 증거 및 참고인의 진술 등을 종합하여 판단한 결과, 피신고인의 행위가 사회공동체의 건전한 상식과 관행에 비추어 볼 때 객관적으로 신고인과 같은 처지에 있는 일반적이고도 평균적인 사람에게 성적 굴욕감이나 혐오감을 느끼게 할 수 있는 행위라고 판단됨. 따라서 본 고충심의위원회는 신고인의 제보 내용에 대한 성희롱 성립 여부 심의 결과, 피신고인의 행위에 대해 '성희롱 인정'으로 의결함.』

문서를 읽고 또 읽었다. 다섯 번쯤 읽었을 때 도차장에게 전화가 왔다. 그는 평소와 같이 밝은 목소리로 성희롱 인정으로 의결되었으니 메일을 확인해보라고 말했다.

"차장님, 감사합니다."

나는 진심을 담아 말했다.

"최차장님의 징계 수위를 결정하기 위해 조만간 징계위원회가 열릴 거예요."

"저도 참석해야 하나요?"

"아니오, 이제 새빛씨가 참석해야 하는 일은 없습니다."

"그렇군요. 최차장님 징계는 어떻게 나올까요? 인사이동 하는 건 맞겠죠?"

"일단 새빛씨가 인사이동을 요청하지 않더라도 성희롱 인정이 된 이상 최차장님은 징벌적 발령을 피할 수 없습니다.

최소의 징계가 인사이동일 거예요."

그가 과연 어떤 징계를 받게 될지 궁금했다.

심의위원회도 잘 끝났고, 최차장의 인사이동도 거의 확정이었으니 나는 더 이상 걱정할 것이 없어야 했다. 하지만 나의 기분은 롤러코스터처럼 오르락내리락하며 불안정했고 불행했다. 당장에라도 퇴사하고 싶었다. 하지만 퇴사를 하기엔 가진 것 하나 없었고, 이러지도 저러지도 못하는 내가 한심했다.

핸드폰을 뒤적이다가 몇 년 전에 찍은 사진을 봤다. 기억 너머에는 꿈 많던 내가 있었다. 나의 과거가 타인의 과거로 느껴질 정도로 거리감이 있었다. 예전에 노력했던 것들이 지금은 엄두도 나지 않았다. 예전의 가치관, 태도 등 모든 것이 내 것이 아닌 것처럼 느껴졌다. 앞으로는 아무것도 못 할 사람이 된 기분이었다. 눈물이 났다. 나에게 문제가 있는 것 같았다.

퇴사를 하고 싶지만, 사실은 퇴사하고 싶지 않았다. 퇴사하지 않을 방법이 있으면 좋겠다고 간절하게 바랐다. 나는 도움이 필요했다.

신입사원 연수를 받던 시절 사내 심리상담 부서에 대해 안내를 받은 적이 있다.

"회사 생활을 하다가 심리적으로 힘들어 도움을 받고 싶을 때 사내 심리상담 부서를 이용하세요. 성희롱, 인간관계 그 어떤 고민이라도 괜찮아요. 사내 부서이긴 하지만 분리된 조직이기 때문에 비밀이 철저하게 보장됩니다."

당시 나는 강사의 말을 듣고 '정말 저 부서를 이용하는 사람이 있을까?'라는 의문을 가졌고, 가볍게 흘려 넘겼다. 그런데 상담 부서를 이용하는 사람이 내가 되었다. 다음 날 출근하자마자 상담 부서에 메일을 보냈다. 현재의 심리 상태를 묻는 질문에 '전혀 그렇지 않다'에서 '매우 그렇다'까지 체크를 했고, 구체적으로 무엇이 힘든지 적었다. 매일이 우울하고 무기력할 정도로 힘들고, 새로운 사람을 만나기 두렵고, 회사를 다닐 에너지가 남아있지 않다 등등을 적었다.

상담 접수 메일을 보낸 후 사내 시스템에 접속해 최차장이 발령 났는지 확인했다. 하지만 3팀 조직도에는 여전히 최차장이 포함되어 있었다. 바로 도차장에게 전화를 했다.

"도차장님, 징계위원회 결과는 언제 나오나요?"

"징계위원회 결과까지는 1주일 정도가 소요될 거고, 이후에 발령을 내는 데에 시간이 또 걸릴 수 있어요."

그래. 적어도 그가 발령이 나기 전까지는 퇴사를 참아야겠다고 다짐했다. 나는 그가 했던 행동에 걸맞은 징계를 받는지 지켜볼 것이다. 아이러니하게도 모든 일의 원인인 최차장이 나의 퇴사 시기를 연장시키고 있었다.

상무님은 그러면 안 되잖아요

사내 심리상담부서에 메일을 보낸 지 3일이 지났지만 답변이 오지 않았다.

'힘든 사람 도와주겠다고 회사 여기저기에 홍보물을 붙여놓고, 왜 나는 도와주지 않는 거야!'

마지막 남은 지푸라기를 빼앗긴 기분이었다. 내 마음을 잡아줄 무언가가 간절히 필요했다. 무너지기 직전이었다. 나는 최차장의 징계 수위가 결정되길 매일같이 기다리며 우울의 늪에서 허우적대고 있었다.

그러는 사이에 신입사원 경진 대회가 코앞으로 다가왔다. 2박 3일간은 여의도를 떠나 스트레스받지 않고 동기들과 연수원에서 즐거운 시간을 보낼 수 있는 기회였다. 여의도 사무실이 가시방석이었기 때문에 경진 대회가 도피처로 느껴졌다.

"우와, 잘 지냈어?"

"얼마만이야!"

연수원에 도착한 동기들이 환하게 웃으며 서로를 반겼다.

"요즘 너희 부서는 어때?"

"지난주부터 매일 야근이야."

1년 만에 만난 동기들은 신입사원 티를 벗고 자리를 잡아가고 있었다. 그들의 입에서 쏟아져 나오는 다양한 업무 이야기를 듣고 있으니, 각자의 자리에서 열심히 살아온 지난 시간들이 느껴졌다.

경진 대회는 신입사원에게 기회였다.

3일 동안 아이디어를 가공하여 사업 부서 앞에서 발표하고, 최종적으로 1등을 한 팀에게는 아이디어를 사업화할 수 있는 기회가 주어진다. 그렇기에 경진 대회는 사업 부서나 여러 부서에 본인을 어필할 수 있는 최적의 자리였다. 회사에서의 커리어를 생각한다면 매 순간 최선을 다하고 기회가 있을 때마다 여러 사람들에게 열심히 어필해야 하지만, 나는 아무 생각이 들지 않았다. 내 머릿속에는 최차장의 징계와 퇴사 계획밖에 들어있지 않았다. 그의 징계 수위를 내 눈으로 확인한 후에 퇴사해야겠다고 생각했기 때문에 연수원에서의 2박 3일을 적당히 때울 생각이었다.

"안녕하세요."

잘 모르는 동기들과 한 팀이 되어 어색하게 인사를 나누었다. 우리 팀에는 연수원에서부터 에이스라고 소문이 난 동기가 있었다. 그녀는 현재 배치받은 팀에서 '우리 팀은 ○○씨 이전과 ○○씨 이후로 나뉜다'라고 말할 정도로 인정받고 있었다. 깔끔한 옷차림에 미소를 띠고 있는 그녀의 눈에는 생기가 가득 차있었다. 저 동기는 회사에서 매일이 성장하는 기분일까? 회사에서의 미래가 기대될까? 나와 동갑인 그녀의 얼굴을 보니 무기력하고 수동적인 나 자신이 초라하게 느껴졌다. 이러지도 저러지도 못한 채 구덩이에 빠진 것 같은 내 모습이 조직 내에서 제 몫을 하며 반짝반짝 빛나고 있는 동기들과 대조되어 보였다.

첫째 날 토론 중 갑자기 상무에게 전화가 왔다. 직책자로서 미안하다고 사과하며 모든 지원을 약속했던 사람이고, 여의도 지사 남자직원들에게 사건을 공론화하고 여론을 정리했던 사람이다. 그런 상무가 이 시점에 나에게 무슨 일로 전화를 걸었을지 짐작이 가지 않았다.

잠시 강의실 밖으로 나와 벤치에 앉아 전화를 받았다.

"어, 그래. 새빛이 신입사원 경진 대회 갔다며? 거기서 잘하고 있지?"

상무는 가라앉은 목소리로 안부를 물었다.

"네, 무슨 일이세요, 상무님?"

"그게…… 하…….'"

상무는 망설이고 있었다. 불안한 느낌이 들었다.

"최송훈 차장 징계 결과가 곧 나올 것 같은데, 수위가 생각보다 심하게 나올 것 같다고 하네……. 다른 지역으로 이동하는 것뿐만 아니라…… 아마 정직이 될 것 같대."

최차장의 징계 수위가 정직일 것이라는 말을 듣고 나는 살짝 놀랐다. 그리고 상무의 말이 이어졌다.

"그래서 말인데, 새빛이 네가 도움을 줄 순 없을까?"

심장이 철렁했고, 내 귀를 의심했다. 상무는 나에게 징계의 감경을 바라고 있었다.

"우리 지역에서 이런 일은 처음이라서…… 어떻게 해야 할지 모르겠네……."

그는 진지했다.

"최차장이 잘못은 했는데, 생각보다 처벌 수위가 높아서 안타까워."

나는 조용히 고개를 숙이고 상무의 말을 들었다. 아무 말도 할 수 없었다. 이슬비가 내리고 있었고, 늦여름이지만 쌀쌀했다.

"아직 결과가 확정된 건 아닌데. 하…….'"

상무는 말끝을 흐렸다. 내 시야도 뿌옇게 흐려졌다.

"이렇게 해도 되는 건지……. 내가 마음이 갑갑해서 전화했어."

그는 걱정스럽고 심란한 목소리를 냈지만, 나는 그의 목소리를 들으며 위압감을 느꼈다. 내가 속한 조직의 상무가 사원이 느낄 부담을 분명히 알 텐데도 최차장을 위해 전화했다.

"오랫동안 같이 일한 직원이라 정직까지는 생각 못 했고, 갑갑해서 전화해봤어. 새빛이가 마음이 완화되었다면…… 조금은 감경될 수 있도록 도와주면 고맙겠다 싶어서……. 한 집의 가장이라, 내가 감정이 참……. 어떻게 해야 할지 모르겠네."

누구보다 중립을 지켜야 할 상무였기에 나는 그의 요구를 믿을 수 없었다. 상무는 최차장과 나 사이에서 중립적으로 있는 줄 알았는데, 그는 내 손을 놓아버렸다. 아니 애초부터 그는 내 손을 잡은 적이 없었을지도 모른다.

'우리 회사는, 내가 속한 사회는…… 이렇구나.'

절망했다. 현실은 이러했다.

영업 조직의 성희롱에 대한 대처나 분위기가 상무의 전화에서 드러나는 것 같았다. 좋은 게 좋은 거고, 프로세스가 아니라 말과 정으로 문제를 해결하려고 하는, 얼마나 폐쇄적인 조직인가. 화가 나는 것이 아니라 무력감을 느꼈다. 현실이 이렇다면, 나는 영업 조직에서 누구를 믿어야 하는 걸까. 내가 만약에 상무의 요청에 응하지 않는다면 상무와는 등을 지게 되는 것 아닌가. 애써 잡고 있던 마음이 와르르 무너졌다. 그렁그렁 고여 있던 눈물이 무릎 위로 떨어졌다. 쉬는 시간이 되어 동기들이 강의실에서 삼삼오오 나오고 있었다. 울고 있는 나를 볼 새라 고개를 숙이고 화장실로 뛰어갔다. 변기에 앉아 무릎 위에 얼굴을 파묻었다.

상무는 내가 영업 조직에 남아있을 수 없다고 말하는 것 같았다. 행위자를 옹호하는 사람, 크고 작은 2차 가해를 하는 사람, 신고한 것을 정상으로 보지 않는 분위기, 징계 감경을 요구하는 사람. 지긋지긋했다.

나는 눈물을 닦고 바로 부문 인재팀의 소과장에게 전화를 걸었다. 나는 소과장에게 상무가 나에게 최차장의 징계 감경을 요구한 사실을 말했다.

"네? 상무님이 최차장님 징계 수위를 경감해달라고 했다고요? 하…… 상무님 이러시면 안 되는데."

소과장은 한숨을 쉬었다.

"이게 어떻게 된 거냐면, 징계위원회 결과가 정직으로 날 것 같아서 상무님한테 저희가 예의상 먼저 귀띔해드린 거거든요. 근데 상무님이 생각했을 때 정직이라는 결과가 생각보다 너무 셌나 봐요. 상무님 나름 충격을 받은 것 같아요. 근데 그걸 또 새빛씨한테 전화해서 그런 말을 했다니. 아이고······."

소과장도 꽤나 당황스러워 보였다. 그도 상무의 반응을 예상하고 귀띔을 한 것은 아니었을 것이다.

"과장님, 저 퇴사도 생각하고 있어요."

더 이상 숨길 것이 없었다.

"새빛씨, 상무님 말이 신경 쓰이겠지만, 너무 속상해하지 마요. 그리고 퇴사 말고 다른 방법을 생각해요. 다른 방법 많아요. 새빛씨가 왜 퇴사를 해요. 부서 이동을 한다거나 우리가 지원해줄 수 있는 다른 방법이 있어요."

수화기 너머로 소과장은 나를 열심히 설득하고 있었다.

"그렇지만 저 너무 힘들어요."

머리로만 하고 있던 힘들다는 생각이 입 밖으로 나왔다. 목이 메었다.

"유새빛씨는 입사한 지 이제 1년이 겨우 넘었어요. 아직 유새빛씨가 우리 회사에서 보지 못한 부분이 너무 많아요. 이대로 퇴사하면 너무 아까워요. 좋은 거 다 보고 가야지."

소과장은 회사의 밝은 부분이 있다고 말해주었지만, 그 희망은 내 것이 아닌 것 같았다. 우리 회사에서 좋은 날을 맞이할 수 없을 것 같았다.

"나쁜 선배도 있지만 좋은 선배도 많단 말이에요. 그러니까 퇴사는 생각하지 마요."

　퇴사가 아니면 나에게 어떤 선택지가 있을까. 나는 이 조직에 더 남아있고 싶지 않았다. 최차장이 다른 지역으로 인사이동을 할 예정임을 알고 있었지만, 최차장이 없는 여의도에서도 버틸 수 없을 것 같았다. 상무와 지사장을 더는 보고 싶지 않았다.

　"그럼 저도 부서 이동을 할 수 있을까요?"

　나는 용기를 내 소과장에게 나도 부서 이동을 원한다고 말했다.

　"그래요. 잘 생각했어요."

　소과장은 안도하는 듯한 목소리로 얘기했다.

　"저도 새빛씨가 부서 이동 하면 좋겠다고 생각하고 있었어요. 현재 사건만으로 충분히 전보를 내줄 수 있어요."

　소과장은 다른 것들은 묻지 않고, 나의 부서 이동 선택을 지지해주었다.

　"여의도에 남아서 꿋꿋하게 이겨나가는 것도 좋은 생각이지만, 많이 힘드니까……. 피해 가도 괜찮아요. 부서 이동도 좋은 방법인 것 같아요."

　소과장은 내가 예전에 피하고 싶지 않다고 말한 것을 기억하고 있었다.

"경진 대회 2박 3일 끝나는 날에 퇴근하고 잠깐 부문 인재 팀에 들러요. 징계위원회 관련 서류 처리할 것도 있고, 부서 이동 관련해서도 얘기해요. 그때까지 어떤 부서가 좋을지 생각해보세요."

소과장과의 통화를 끊고 마음을 추스르고 있는데 상무에게 문자가 왔다. 아마 소과장이 상무에게 전화해 한마디 했으리라.

『새빛 대리, 새빛 대리는 우리 조직의 자랑입니다. 나도 할 수 있는 한 새빛 대리가 우리 조직뿐만 아니라 회사에서 최고의 리더로 성장할 수 있도록 지속적으로 도움을 줄 겁니다. 편안하게 교육 잘 받으시고, 밝은 모습으로 봐요. 상무 Dream』

비 내리는 풍경을 바라보며 생각했다. '상무님, 앞으로 그럴 일 없을 것 같습니다'라고.

지푸라기

"무슨 일 있어?"

내가 오랫동안 자리를 비우자 임사원이 밖으로 나와 나를
찾았다.

"어…… 최차장님 아마 정직 처분받을 것 같다고 지역 인사
팀에서 전화 왔어."

"정직?"

임사원도 정직이라는 결과를 듣고 놀란 기색을 보였다. 임
사원은 예전 일 이후로 나의 기분을 고려해 말을 조심하려는
듯했다.

"응. 근데 상무님이 전화 와서 정직은 너무 심하다고 감경
해달라고 했어."

"뭐?"

임사원은 맞은편 벤치에 앉아 걱정스러운 눈빛으로 나를 바라봤다.

"상무님도 당연히 그런 말 하면 안 된다는 거 알면서 무리수 둔 거긴 할 텐데……. 이건 좀 아닌 것 같다."

"나 어차피 퇴사할 생각이었으니까 인사이동 시도라도 해보려고. 여기에 못 있겠어."

임사원에게 털어놓았다.

"소과장님도 인사이동 하는 거 추천하시더라. 경진 대회 끝나고 얘기 나눠보게."

"근데 우리 인사이동 할 수 없잖아. 입사한 직무의 현장 부서에서 대리 달 때까지 있어야 하는 게 인사 원칙이잖아."

그의 말은 틀린 것이 없었다. 입사한 직무에서 대리로 진급할 때까지 4년을 근무해야 하는 것이 인사 원칙이었고, 선배중에 그 원칙을 깬 사람은 없는 것 같았다.

"옮겨도 다시 영업 지원 센터나 다른 지사로 가게 될 것 같은데?"

"그래도 되는 데까지 해봐야지."

과연 내가 영업 조직 밖으로 인사이동을 할 수 있을까. 내가 퇴사하지 않을 방법이 있을까.

임사원과 나는 경진 대회에서 다른 팀이었지만, 같은 주제를 받게 되었다. 같은 주제를 받은 팀끼리 맞닿은 회의실을 사용했기 때문에, 옆 회의실에서 쩌렁쩌렁 울려 퍼지는 임사원의 목소리를 들을 수 있었다. 2박 3일 동안 나는 설렁설렁, 임사원은 평소와 같이 열정적으로 과제를 수행했다. 그리고 마지막 날, 우리의 발표를 들으러 서울에서 2명의 사업 부서 팀장이 왔다.

"안녕하십니까. 발표를 맡은 임지환입니다."

그가 발표한 5분 동안 나를 포함한 회의실 안의 20명 모두 그의 발표에 몰입되었다.

"누구 아이디어죠?"

발표를 들은 마케팅 1팀장은 눈을 빛내며 물어봤다. 모두 임사원의 아이디어였다. 팀장의 질문 공세에 긴장할 법도 하지만, 임사원은 학교 토론 수업마냥 주눅 들지 않고 대화를 이어나갔다. 이 발표 자리가 임사원을 위한 자리라고 느껴질 정도였다. 매일 보는 임사원이지만, 나는 항상 그가 여러모로 대단하다고 생각했다.

"회사에서 가끔 하는 공모전 말고, 이런 토론이 훨씬 의미 있는 것 같네요. 허허. 공모전 별로 의미 없잖아요."

1팀장이 말했다. 순간 임사원이 나를 바라봤다.

"어…… 어."

"왜 그러세요?"

"저기 지난달에 마케팅 공모전에서 1등 한 사원이 앉아있거든요."

임사원이 나를 지목하며 재치 있게 말했다.

"아이코!"

웃음바다가 되었고 나에게 시선이 집중되었다. 나는 의자에 반쯤 걸터앉아 설렁설렁 토론을 듣고 있던 터라 당황스러웠다. 얼굴이 빨개진 것 같았다. 다급하게 자세를 고쳐 앉았다.

"무슨 사업 아이디어를 낸 거예요?"

공모전 주최 조직인 동시에, 공모전이 의미 없다고 말한 마케팅 1팀장이 물었다.

"아, 그게……."

당황한 나는 어색하게 웃으며 아이디어를 설명했다. 여러 사람들 앞에서 갑작스럽게 설명하려고 하니 말이 꼬였다. 스스로 횡설수설하고 있다는 게 느껴져 민망할 정도였다.

"저희 상무님도 여기 와계세요. 다른 방에 있는데, 토론 마치고 저희랑 같이 만나러 가시죠."

1팀장이 갑작스럽게 제안했다.

"아, 네!"

마케팅 본부 상무와의 만남이라니, 당황스럽기도 했지만

설렜다. 임사원은 웃으며 '오!' 하는 표정으로 나를 쳐다봤다.

두 팀장을 따라 임원 접견실에 가니 나이가 지긋한 남성이 앉아있었다.

"상무님, 저희 발표 다 듣고 왔습니다."

"수고 많았어요."

마케팅 본부 상무는 웃으며 팀장들을 맞이했다.

"신입사원 중에 이번에 저희 공모전에서 1등 한 사원이 있길래 데려왔습니다."

팀장이 상무에게 나를 소개했다.

"그래요?"

상무는 웃으며 나를 바라봤다. 무슨 말을 해야 할지, 이 자리에서 나를 어필하는 것이 맞는지 머리가 하얘졌지만, 기회임은 확실했다. 이 기회를 잡아야 했다.

"안녕하세요."

나는 웃으며 인사했다. 상무는 축하한다며, 마케팅 본부가 준비하는 방향과 비슷한 아이템을 제시했다며 의례적인 덕담을 해주었고, 나는 시상 일정이 언제인지 등을 물었다.

"나중에 여기 팀장들이랑 점심 한 번 먹어요."

상무는 점심을 제안했고, 나는 알겠다고 대답했다.

서울로 돌아와 소과장을 만났다. 소과장은 최차장의 징계가 결국 정직 1개월과 인사이동으로 확정되었다고 말해주었다.

"요즘 회사가 성희롱은 엄하게 처벌하겠다고 하는 추세이기 때문에 정직이라는 결과가 나왔어요. 여기서 더 이상 감경될 수 없었어요. 이게 사회적 흐름이에요. 그리고 최차장님은 심지어 성희롱 예방 교육 기간에 성희롱을 한 거잖아요? 어떻게 할 수가 없어요."

나는 회사의 결정을 들으며 고개를 끄덕였다.

"이 결과에 대해서 어떻게 생각하는지, 신고인이 의견을 적고 사인을 해야 해요. 의견을 장황하게 적을 필요는 없고, 이의가 없으면 이의 없다고 적으면 됩니다. 혹시 더 센 징계를 원하면 그렇게 적어도 돼요. 참고로 더 센 거는 해임이에요."

"정직 몇 개월이라고 하셨죠?"

"1개월이에요."

"그럼 그동안 월급은 안 나와요?"

"회사가 직원의 월급을 깎을 수 있는 한도가 최대 2/3까지거든요. 1/3은 보장해야 해요. 한 달 동안 기본급의 1/3을 받고 출근은 안 하실 거예요. 한 달이 지나면 다른 지역으로 전보 보낼 거고요."

한 달 동안의 정직이 가혹한 처벌일 수 있겠지만, 나는 '정직이 되어 집에 있어도 월급이 나오는구나'라는 생각이 들었다.

"최차장님 어디로 갈지 정해졌나요?"

"그건 아직 안 정해졌어요."

혹시나 내가 가게 될 부서가 그가 가게 될 부서와 연관돼있을까 봐 걱정되었다.

"혹시 징계 수위에 이의가 있으면 한 번 더 재심을 요구할 수 있어요. 재심을 하게 되면 이번엔 본부가 아니라 한 단계 더 올라가서 부문 차원에서 위원회가 열리게 돼요. 물론 시간도 길어지겠죠. 혹시 이의 있으신가요?"

"음…… 아니요."

나는 1개월 정직과 인사이동이라는 결과에 이의 없었다.

"네, 그러면 여기에 사인해주세요. 이제 새빛씨도 툴툴 털고 업무 해야죠."

"혹시 최차장님이 재심을 신청할 수도 있나요?"

"물론이죠. 그런데 아마 최차장님도 신청하진 않을 것 같아요. 재심을 한다고 해서 결과가 크게 바뀔 것 같지 않고요."

최차장도 재심을 신청하지 않길 바라며 유새빛 이름 석 자를 적었다.

"그리고 안내받았는지 모르겠지만, 전국 영업 지사를 대상으로 성희롱 예방 교육을 집합 교육으로 진행할 거거든요? 아직 공지는 안 나갔는데, 전국 대상으로 다 할 거예요. 새빛씨가 심의위원회 때 교육해달라고 강조했잖아요. 그거 다 할 거니까 걱정하지 말고요."

소과장이 덧붙였다.

"어느 부서로 갈지는 생각해봤어요? 옮기고 싶은 마음은 그대로인 거죠?"

"네. 옮기는 게 맞는 것 같아요. 그런데 제가 어느 부서에 갈 수 있는지를 몰라서……."

대리가 될 때까지 다른 직무로 인사이동을 할 수 없는 것으로 알고 있기 때문에, 소과장이 인사이동에 관하여 뭐라고 말할지 기다렸다.

"음, 다른 영업 지사로 갈 수도 있고, B2B가 아니라 B2C도 생각해볼 수 있겠죠. 확답할 순 없고 부문 차원에서 협의를 해봐야 해요. 어떻게 생각하세요?"

"저는 영업이 아닌 곳으로 가고 싶어요."

나는 용기를 내어 인사 원칙에 반하는 말을 했다.

"다른 부문으로 가는 건 힘들 텐데……. 부문 간의 이동은 본사 인사팀까지 협의가 돼야 하거든요."

역시나 영업을 벗어난 다른 조직으로 이동하는 것은 어려워 보였다.

"그런데 어제 본사 인사 팀장님이 경진 대회에 오셨는데, 들

기로 다른 부문으로 이동할 수 있다고 말씀하셨던 것 같아
서……."

"본사 인사팀에 박팀장님이 그렇게 말씀하셨다고요? 음……
일단 협의는 해볼 텐데 힘들다는 건 알고 계세요. 그러니까 지
금 부문 내에서 2지망도 생각해보세요."

소과장은 영업 조직 내에서의 이동을 추천했지만, 나는 영
업 조직 내에서 가고 싶은 곳이 없었다.

'지난번 한팀장이 얘기했던 종로 지사로 이동을 해야 할까?
하지만 종로 지사에도 이미 소문이 퍼졌을 거고, 특히나 종로
지사는 여의도 지사랑 교류도 많은데…… 그리고 서울 내에서
이동하면 상무도 계속 보게 될 텐데…… 그렇다고 내가 이사
까지 가면서 경기도나 대구 등 다른 지역 영업 지사로 이동해
야 할까?'

머릿속이 복잡했다.

"최대한 힘써보겠습니다. 협의하고 연락드릴게요."

현재로서는 본사 인사팀과의 협의가 잘 끝나기만을 바랄
수밖에 없었다. 인사이동이 어떻게 될지 모르는 상황이었기
때문에 불확실한 미래가 두려웠다. 집 앞 공원 그네에 앉아
오랜 대학 친구에게 전화를 걸었다.

"행위자는 이제 징계 확정 났어. 1개월 정직에 부서 이동할

거래."

"아, 진짜? 잘됐네. 그래, 역시 그렇게 돼야지!"

그녀는 항상 나를 지지해주었고, 나에게 안정감을 주었다.

"근데 나 너무 힘들어."

"왜?"

"잘 모르겠어. 그냥…… 막상 그 사람 징계받는다고 하니까 내가 더 눈치 보이고…… 며칠 전에는 상무님이 감경해달라고 전화했어. 직책자들이랑 최차장님이랑 친한 사람들이 나 싫어할 것 같고 그래. 또 말은 안 하더라도 내가 신고한 걸 유난 떤다고 생각하는 사람도 있을 것 같아. 나를 도와주시는 고마운 분들도 있는데, 뒤에서 내 욕하는 사람도 있고 그래."

말을 하다 보니 눈물이 날 것 같았다.

"아니, 왜 네가 힘들어야 돼. 잘못한 그 사람을 욕해야지."

친구는 자기 일처럼 화를 내주었다.

"그래서 나도 부서 이동하겠다고 인사팀에 말했어. 여기 못 있겠어. 앞에서 괴롭히는 사람이 있는 건 아닌데 가시방석이고 눈치 보이고 그래."

"그래, 진작 말하지 그랬어. 어디로 이동하게?"

"기업 문화가 괜찮은 곳으로 가고 싶어. 그런데 그런 곳은 누구나 선호하는 곳이라서 어려울 것 같아. 그리고 신입사원일 때 입사 직무 외의 파트로 이동하는 건 어려운 걸로 알고 있어."

"그래도 괜찮은 부서 컨택해서 가고 싶다고 이야기는 해봐."

"글쎄……."

내가 원하는 부서를 솔직하게 입 밖으로 꺼내는 것이 민망하게 느껴졌다. 내가 그럴 능력과 자격이 있는지 자신이 없었다.

"너 얼마 전에 마케팅 공모전에서 전사 1등 했다며? 마케팅 쪽에 연락해보는 건 어때? 거기 가서도 충분히 잘할 것 같아."

나는 내가 바라는 것들을 친구와의 대화를 통해 조금씩 구체화시켰다.

"나 회사에서 잘 커나가고 싶었는데, 요즘 왜 이렇게 힘들고 무기력하지. 자신감이 사라졌어."

친구에게 위로를 받으면서도 나는 계속 푸념을 늘어놓았다.

"힘든 거 당연한 거야. 2달 동안 너무 고생 많았어. 괜찮은 부서랑 컨택돼서 하루 빨리 이동하면 좋겠어."

그녀는 귀찮은 기색 없이 들어주고 따뜻하게 위로해주었다. 잠깐이지만 통화를 하는 그 순간이 포근하게 느껴졌다. 누군가가 나를 전적으로 지지하고 위로해주는 게 이렇게 따뜻한 일이었을까. 오랜 친구인 그녀에게 감사했다.

3부

새로운 기회가 열리다

무기력한 퇴사

"회식 자리에서 누가 허벅지를 더럽게 쓰다듬었나 봐. 팀장한테 말했는데, 팀장이 아무런 조치도 안 했대."

나와 같은 직무의 여자 동기가 팀에서 성희롱을 당했다는 소식을 들었다. 직장 내 성희롱은 신입사원이 필수로 겪는 일일까? 술 마시고 허벅지 만지는 게 유행일까? 팀장의 소극 대처는 사규에 나와 있는 걸까? 영업 조직에 있는 26세의 신입사원 그녀와 나. 우리가 겪은 일은 판박이였다. 우리는 왜 이런 일을 겪어야 할까. 마음이 쓰디썼다.

"왜 추가로 대처하지 않을까?"

동기의 심정이 궁금했다.

"아마 일을 크게 만들면 본인만 힘들어질 거라고 생각했나봐."

동기의 이야기를 전해 들은 후 나는 나의 선택이 잘못된 것인지 고민했다. 비슷한 일을 겪었음에도 사회생활을 위해 덮고 넘어가는 동기를 보니 '나만 나약하고 사회생활을 못하는 사원인 걸까' 하는 생각이 들었다.

"우리 회사에는 네가 있는 영업 조직보다 남성 성비가 더 많은 부서가 많아. 그리고 분명 더 심한 성희롱을 당하는 신입사원도 있을 거야."

어느 과장이 나에게 해준 조언이 생각났다.

"기술 개발 본부에 최사원 있잖아. 거기는 걔 빼고 다 남자일 거야. 영업보다 개발 쪽이 남자가 더 많거든. 그런데 걔는 지금 아무렇지 않잖아. 버티는 건 '성격'의 차이야."

과장은 나와 동시에 아는 최사원을 예로 들며 비교했다. 그리고 "내가 보기에 너는 지금 회사 입장에서 감당하기 어려운 수준까지 와있어. 인권위원회에 신고한 것과 맞먹는 수준이야. 앞으로 네가 어딜 가든 남자 직원들이 너에게 펜스룰을 적용할 수 있어"라고 덧붙였다.

그는 절차대로 잘 해결될지라도 앞으로 회사 생활이 순탄하지 않으리라고 예언하는 것 같았다.

"잘 생각하고 행동해. 잘 풀어야지."

나를 위로하고, 내가 강해지길 바라는 마음으로 한 조언이었겠지만, 나는 과장의 말을 듣고 속상했다.

흔들렸다. 옳다고 생각한 대로 선택했지만 힘들었다. 힘들 것이라 예상했고 버텨내겠다고 생각했지만, 다 포기하고 싶었다.

상담 접수 메일을 보낸 지 일주일이 지난 후에야 심리상담 부서의 상담사에게 전화가 왔다.

"안녕하세요. 상담사 ○○○입니다."

신청한 사실조차 잊고 있던 참이었다. 가장 가까운 날로 상담을 예약했다. 예약일을 기다리는 동안 마음을 정리했다. 용기의 결과가 무기력한 퇴사라는 생각만 머릿속에 맴돌았다.

예약 당일, 누구에게도 말하지 않고 조용히 사무실을 빠져나와 상담사를 만나러 갔다. 건물 전체가 통유리로 된 본사에는 하얀 셔츠를 입은 젊은 직원들이 분주하게 이동하고 있었다. 왠지 주눅 들었다. 번잡한 로비를 지나 상담실이 있는 10층으로 올라갔다. 10층 전체는 상담사의 사무실 이외에는 개미 한 마리 없는 것처럼 조용했다.

30대 초중반의 단발머리를 한 부드러운 인상의 여성이 나를 맞아주었다. 하얗게 도배된 상담실 곳곳에 작은 선인장들이 자리 잡고 있었다. 우리는 하얀 책상에 마주 앉았다. 책상 위에는 상담사의 노트와 펜, 그리고 누군가의 눈물을 닦는 데

쓰였을 법한 티슈가 있었다. 블라인드 사이로 들어온 햇살이 책상을 따뜻하게 데우고 있었다.

상담사는 내가 작성한 신청서를 읽으며 미간에 힘을 주었다. 그녀의 눈썹은 8시 20분을 가리키는 시곗바늘처럼 아래를 향하고 있었다.

"무슨 일이 있었는지, 자세히 들려주실 수 있을까요?"

상담사의 따뜻한 눈빛을 보고 그녀가 내 이야기를 경청해 줄 것 같다는 생각이 들었다. 나는 성희롱을 당한 회식 당일부터 상무에게 전화가 온 날까지의 일을 얘기했다. 2달이 넘는 이야기들이 내 입을 스쳐 지나갔다. 상담사는 이야기 내내 심각한 표정을 지으며 고개를 끄덕였다. 누군가가 내 이야기를 이런 표정으로 들어주는 것, 끄덕여주는 것만으로도 울컥했다.

"정말 용감하세요."

나의 이야기를 들은 후 그녀가 한 첫마디였다.

"아시다시피 성희롱은 신고가 드물어요. 보통은 신고하지 않고 넘어가는데, 새빛씨는 용기 내어 변화를 이끌어내고 계세요."

나는 입술을 꾹 깨물었다.

"새빛씨가 요구하신 대로 서울 지역에서는 오프라인으로

성희롱 예방 교육을 한다면서요? 큰일을 해내신 거예요. 변화를 주도하고 계세요."

나는 고개를 떨군 채 끄덕였다.

"다만 걱정스러운 건, 힘든 선택을 하셨잖아요. 그런데 퇴사를 하면 결국 포기와 좌절감만 안고 회사를 떠나게 되는 것 같아서……."

상담사는 말을 흐렸다.

"상처가 클 것 같아요."

맞는 말이었다.

"네. 용기 내서 한 선택의 끝이 무기력한 퇴사가 될까 봐 걱정돼요. 얼마 전에 같은 직무에 후배 사원 세 명이 입사했는데, 한 명이 제가 예전에 성희롱을 겪었던 부서로 배치되었어요. 조심해야 할 사람 리스트를 말해줘야 하나 고민이 됐어요. 오지랖인 것 같기도 하고, 제가 그런 말을 한다는 게 리스크가 있기도 하고요."

아직 인사도 제대로 하지 못한 세 명의 여자 후배들이 생각났다.

"제 사례가 좋은 본보기가 되어야 할 텐데, 용기의 결과가 퇴사란 걸 후배들이 보면 앞으로 신고하기 더욱 힘든 분위기가 될 수 있을 것 같아요. 여기서 포기하면 안 될 텐데……."

이야기를 하다 보니 나는 이미 답을 정해놓았던 것을 깨달았다. 용기 내서 내린 선택의 결과가 무기력한 퇴사가 되지 않도록 나는 마지막까지 버텨야 한다. 내가 내린 선택에 책임을 져야 한다. 상담사는 나를 보며 고개를 끄덕였다. 나는 어떻게든 회사 내에서 살아남을 방법을 찾을 거라고 상담실을 나오며 다짐했다.

임사원에게서 카톡이 왔다.

'새빛아. 너 상담하러 간 사이에 최차장님이 팀원들한테 징계 수위가 정직일 거라고 연락했어. 아직 정식으로 인사 공지가 올라온 건 아닌데, 인사 쪽에서 미리 최차장님한테 확정이라고 귀띔했대. 일단 팀 사람들끼리만 징계 소식 공유했어.'

'아…….'

사건이 있고 두 달 만이었다. 끝이 보이고 있었다.

'3팀 선배들 반응은 어때? 정직이라서 놀라지 않아?'

'다들 이제 받아들이시지.'

3팀의 반응이 덤덤하다는 말에 마음이 한차례 놓였다.

'그렇구나. 다른 건?'

'최차장님이 맡고 있던 고객사들 내가 인수인계 받는데, 수가 너무 많아서 2팀에도 30개 넘기기로 했어.'

'아…….'

일반적으로 영업 직원들이 담당하는 고객사는 50개 미만인데, 여의도 지사는 다른 지사보다 많은 고객사를 담당하고 있었다. 그런데 최차장의 부재로 이미 과부하가 걸린 여의도 직원들에게 업무 할당량이 더욱 늘어나게 되었다.

'안 그래도 다들 원래 담당하는 고객사가 많아서 힘드실 텐데 어떡하지…… 미안하다.'

'아니야. 상황이 아쉬운 거지, 문제를 네 탓으로 돌리는 사람은 거의 없어.'

다들 받아들이는 분위기라고 해도, 선배들에게 미안한 마음이 들고 눈치가 보이는 것은 어쩔 수 없었다. 우리 팀을 제외한 2팀과 3팀의 분위기는 꽁꽁 얼어붙었을 것 같았다. 그 가시방석을 감당할 자신이 없었다.

'최차장님이 인사이동 한다는 사실은 공지가 난 것도 아닌데 서울 지역에 벌써 소문이 났나 봐. 오늘 최차장님이 조직도에서 사라졌거든? 근데 그거를 어떻게 캐치했는지 영업 지원 센터에 박부장님이 나한테 연락했어. 네 걱정하시던데.'

박부장은 내가 영업 지원 센터에서 근무하던 시절 옆 팀이었던 선배인데, 당시에 나와 크게 왕래가 없었다.

'그래? 뭐라고 하셨어?'

'최차장님이 징계를 받으면, 네가 여의도에서 버티기 힘들지 않겠냐고 걱정하셨어. 새빛이 너도 그냥 부서 이동하는 게 어떠냐고. 힘들면 부서 이동 요청하는 게 좋을 것 같다고.'

소문은 역시나 모든 영업 조직에 퍼져있는 것 같았고, 소문을 듣고 나 모르게 나를 걱정하고 안쓰럽게 여기는 선배들도 있었다.

나 때문에 싸해졌을 사무실에 들어가기 싫어서 본사 앞 벤치에 앉았다. 어느덧 여름은 지나고 시원한 바람이 불어오는 가을이 오고 있었다. 하늘이 높고 파랬다. 벤치에 한참을 앉아 하늘을 바라봤다.

"어디 다녀왔어? 부서 온 지 두 달도 더 됐는데, 이제 고객사 전수 인수인계 받아서 A to Z 새빛이가 다 해보자."

사무실에 들어가자, 팀장이 갑자기 업무를 나에게 인수인계하려고 했다. 나는 어디인지는 몰라도 조만간 인사이동을 할 예정이니 여의도 지사에서 고객사를 인수인계 받을 수 없었다. 더 늦으면 안 되겠다 싶어 팀장에게 면담을 요청했다.

"팀장님, 조만간 최차장님 정직 1개월 처분 들어간대요."

"아, 그래? 몰랐어."

아직 공지되기 전이라 이 일을 알고 있는 사람은 3팀 빼고는 소수였다.

"네…… 그래서 3팀 분들한테 괜히 눈치가 보여요……. 그리고 최차장님이 담당하던 고객사를 반 정도는 2팀으로 넘겨야 된다고 하더라고요."

팀장은 팔짱을 끼고 걱정스러운 눈빛으로 나를 바라보고 있었다.

"그리고 저…… 부서 이동을 하게 될 것 같아요. 더 늦기 전에 말씀드려요. 여의도에 남아있으려고 했는데, 주변 환경 때문에 스트레스를 많이 받고 있어요."

"누가 괴롭히는 사람 있었어?"

팀장의 안색이 안 좋아졌다.

"아뇨. 그런데 그냥 마음이 힘들어요. 괜히 눈치 보이고 불편해요. 어제 지역 인사팀이랑 얘기했어요. 어느 부서로 갈지 알아보는 단계예요."

"아, 그래? 그래……. 어쩔 수 없지."

팀장은 충격이 큰 것 같았지만, 나를 잡지 않았다.

"그리고 최차장님의 정직이 확정 난 지금, 사무실 분위기가 너무 불편해서……. 오후는 반차내고 집에 들어가볼게요……."

나는 팀장에게 내가 하고 싶은 말들을 일방적으로 쏟아냈다. 폐급 사원이 된 것처럼 느껴져 마음이 불편했다.

팀장과의 짧은 면담을 마치고 서둘러 여의도 빌딩을 나왔다. 길에는 점심을 먹으러 쏟아져 나온 직장인들로 가득 찼다.

회사 사람들이 오지 않을 법한 곳까지 무작정 걸었다. 30여
분을 걸어 한 번도 와보지 않은 동네에 도착했을 때, 눈에 보
이는 백반집에 들어갔다. 어느 회사 사람인지 알 수 없는 사
람들 사이에 조용히 섞여들었다. 음식을 주문한 후 핸드폰으
로 얼마 전에 응시한 OPIc 성적을 확인해봤다.

　내가 원하는 회사에 응시할 수 있는 자격이 되었다.

여의도의 승자

"새빛씨, 잠깐 나 좀 볼까?"

휴가에서 돌아온 지사장은 출근하자마자 나를 찾았다. 나는 이번이 정말 지사장과의 마지막 면담이 될 것이라고 생각하며 그녀를 따라 나갔다.

"내가 저녁을 사줘야 하는데, 커피만 마시네."

지사장과 라운지에서 캔 음료를 들고 마주 앉았다.

"하하, 아니에요. 얼마 전에 저랑 임사원 점심 사주셨잖아요."

나는 어색하게 웃으며 말했다.

"여의도 사옥이 낡아서 곧 리모델링한다더니 안 하나?"

"그러게요. 리모델링하면 책상도 바꿔줄까요? 책상이 너무 오래된 것 같아요."

우리는 무의미한 주제로 대화를 시작했다. 나는 지사장이 직책자라는 이유로 그녀를 막연히 어려운 사람이라고 느꼈다. 그리고 지난번 전화 통화와 면담을 한 후로는 지사장이 불편하게 느껴졌다. 지사장이 나를 왜 불렀는지, 어떤 말을 할지 예상이 되었기 때문에 마음이 편치는 않았지만, 지사장이 어떤 말을 하더라도 상처받지 않겠다고 다짐했다.

"10월에 리모델링한다던데 벌써 9월이네."

"네, 벌써 9월이에요. 1년 다 간 것 같아요."

"맞아, 9월이면 다 갔지. 곧 인사평가도 할 테고. 신입들 고과 평가 어떻게 받는지 알고 있어?"

지사장은 신입사원들의 고과 이야기를 꺼냈다.

"영업 지원 센터가 아니라 여의도 지사에서 받는 거로 알고 있어요."

"여의도에 사원은 임사원하고 새빛 둘이잖아? 그럼 두 명이서 순위 매기겠다. 요즘 대리 진급도 어렵잖아? 방심했다간 진급 누락될 수 있어."

그러고는 본론으로 들어갔다.

"내가 보자고 한 이유는, 사실은…… 일단 내가 새빛씨를 너무 좋아해."

나를 너무 좋아한다는 지사장의 자상한 말을 들으니 그 뒤에 나올 말들이 두렵게 느껴졌다.

"좋아하는데, 미안하기도 해. 여의도 지사에 와서 이런 상황을 겪게 한 게 미안해."

"네⋯⋯."

"금요일에 비행기에서 내리자마자 1팀장한테 연락받았어. 새빛씨가 인사이동 한다고 팀장님이 놀라서 연락하셨더라고."

"네, 그렇게 됐어요. 하하⋯⋯. 다른 얘긴 못 들으셨어요?"

나는 또 어색하게 웃으며 물었다.

"응, 그게 다였어. 이동하려는 이유가 뭐야?"

"음⋯⋯ 지난주 월요일에 신입사원 경진 대회에 갔는데 상무님한테 전화가 왔어요. 징계가 너무 세다고, 정직이라고. 감경해달라고 하시더라고요."

나는 지사장의 표정을 살피며 조심스레 말했다.

"잠깐. 근데 그걸 새빛씨가 할 수 있는 일이야?"

지사장은 내 말을 끊더니, 내가 최차장의 징계 수위에 개입할 수 있는지 물었다. 그녀의 커다란 눈이 더 커졌다. 순간 부문 인재팀 소과장이 나에게 징계 결과에 대해 의견을 적으라고 한 사실이 생각났다. 나는 이 사실을 지사장이 알면 안 될 것 같다는 생각이 들었다.

"음⋯⋯ 저한테 징계에 대한 권한이 없잖아요? 그리고 상무님이 중립을 지켜야 하는데, 저한테 감경을 말씀하신 것이 부담스러웠고요."

나는 징계 수위 권한에 대하여 말한 후, 최근 마음이 힘든 이유들을 말했다. 하지만 말로는 내가 무엇이 힘든지, 얼마나 힘든지를 충분히 표현할 수 없었다. 또한, 지사장이 나를 온전히 이해할 것이라고 기대하지 않았다. 지사장은 내 말을 듣고 눈을 뚫어져라 쳐다보며 말했다.

"나는 안타까워서 얘기하는 거야. 나는 네가 잘됐으면 좋겠어. 잘돼서 다른 곳으로 이동하는 거면 몰라도 이건 아니잖아? 내가 질문하나 할게. 입사하기 전에 아르바이트한 적 있어?"

지사장은 갑자기 나에게 아르바이트를 한 경험이 있냐고 물었다. 혹시 '아르바이트를 해보지 않아 사회생활의 힘듦을 모른다'라고 말하려는 걸까.

"네. 아르바이트 많이 했죠."

"그래? 아르바이트 경험이 있구나? 어떤 아르바이트 했어?"

"백화점이랑 대형 마트에서 와인, 초콜릿 이것저것 시식 아르바이트도 했었고, 장난감도 판매했어요. 명절 때는 선물 세트 판매도 해봤고요."

"아, 판매 아르바이트를 해봤구나. 판매 아르바이트 많이 힘들지?"

그녀는 아르바이트 경험에 대해 묻더니 갑자기 최차장에 대해 이야기하기 시작했다.

"내가 예전에 최차장님을 좋아하진 않았어. 내가 지사장이 되기 전에 팀장일 때, 최차장님이 내 팀원이었어. 그런데 열심히 안 해서 다른 팀에 보냈거든. 그런데 사람이 변하더라고. 나는 그 사람이 변할 줄 몰랐어."

지사장은 최차장과의 과거를 회상했다.

"연말에 팀에서 최하위 직원을 1명씩 뽑으라고 해서 내가 최차장님을 뽑은 적도 있어. 그런데 사람이 변하더라고? 엄— 청 변했어. 지금은 업무적으로 여의도 지사에서 TOP3에 들어. 일에 대한 열정이 생겼어. 최차장님은 지금 TOP이야."

지사장은 최차장이 늦게 꽃을 피웠으며, 현재는 여의도의 핵심 인재라는 것을 거듭 강조했다. 나는 말없이 듣고 있었다.

"안타깝지. 본인 행동이, 정말 못된 습관이…… 잘못했고 벌 받아야 마땅한데…… 본인이 어려움을 극복하고 노력하고 작년부터 빛을 보기 시작했는데."

최차장을 안타깝게 여기는 지사장의 모습에서 내 인사를 받아주지 않는 과장이, 징계 감경을 요구하는 상무가, 아무 의도 없었을 것이라고 말하는 정사원의 모습이 겹쳐 보였다. 지사장은 오해하지 말고 들으라며 대화를 시작했지만, 그녀가 하는 말을 줄곧 듣고 있으니 오해를 할 수밖에 없었다.

"내가 최차장님을 긍정적으로 보고 있었어. 그래서 마음이 아파. 그분도 직장에서 자기 발전이란 게 있을 거잖아. 그 부분이 망가진 거지. 내가 최차장님한테 올해 많은 미션을 줬고 잘하고 있었어. 본부에서 신사업 누가 할지 우리 지사에 물었거든? 아무리 생각해도 최차장님밖에 없어서 최차장님을 추천하기도 했어. 그래서 내가 안타깝게 생각해. 오해는 하지 말고."

"네."

"아르바이트했을 때 빡세게 힘들었잖아? 최차장님도 그랬겠지? 오십 대라는 나이에 변하려면 얼마나 힘들었겠어? 얼마나 많은 걸 포기하고 열심히 뛰었겠어? 그치? 사람은 쉽게 변하지 않는데 그분은 변한 거니까."

지사장은 계속하여 최차장이 힘들었을 거라며 나에게 그렇지 않냐고 물었다.

"네, 네, 변하기 쉽지 않죠."

나는 또 바보처럼 웃으며 대답했다.

"새빛이 입장은 이해가 돼. 나도 미웠을 것 같아. 벌 받는 게 맞는 거고. 그런데 내가 마음이 안 좋은 건…… 그거 기억나? 내가 예전에 선택지 준 거?"

터무니없는 두 가지 선택지가 생각났다.

"하나는 최차장님을 다른 조직으로 보내는 거였지. 그러면 소문이 나서 새빛이가 힘들 거라고 했지. 두 번째는, 최차장님을 딴 데 안 보내고 여의도에 남기는 거. 그러면 소문은 안 퍼질 거라고. 내가 선택하라고 했지?"

나는 그 선택지가 잘못되었다고 말하고 싶었다. 먼저, 그 선택지는 지사장이 줄 수 없는 것이며, 두 번째로 소문과 인사이동은 반비례 관계가 아니다. 최차장이 인사이동을 하지 않고 여의도에 남는다고 하더라도 소문과 2차 가해는 피할 수 없다.

"사회생활은 정답이 없어. 내가 20년 넘게 회사 다니면서 산전수전 다 겪었거든. 나는 특히 지사장이 되고 힘들었어. 여의도 직원들이 내 성향을 싫어하고, 나에 대해 비난하고, 내가 떠났으면 좋겠다고 했어. 그때 정말 죽고 싶은 마음이 들 만큼 힘들더라고."

나는 지사장과의 관계가 힘들어 휴직까지 한 선배가 있다는 얘기를 들었기 때문에 지사장의 말이 사실임을 알았다.

"이 이야기를 왜 장황하게 하냐면 사회생활이 이래. 나는 20년 차야. 숫자만 보면 나는 완벽해야 하지만 그렇지 않아. 내가 솔직히 뭐 하나 빠지는 스타일도 아니잖아? 그런데 난 만족하지 못해. 왜냐면 내 직원들의 만족도가 높지 않거든."

지사장은 본인이 완벽하지 않다고 말했다.

"본인이 부서를 옮기면, 과연 완벽할까? 다른 조직에 가면? 어려운 상황이 거기엔 없을까? 과연 괜찮을까? 거기서도 성격 차이가 난다거나 싸울 수도 있어. 그런 게 사회생활이거든. 현재 속한 환경에서 이겨내야 어디를 가서도 이겨나갈 수 있어. 네가 현재 속한 환경에서 이겨나갈 수 없는데 옮긴다고 괜찮을까? 여기서 이미지 쇄신을 하고 만족도를 느끼고 다른 곳에 갔을 때와 그렇지 않을 때, 나중에 어떻게 달라졌을까가 의문인 거지."

이미지 쇄신이라는 단어를 통해 지사장이 나를 어떻게 생각하고 있는지 짐작이 갔다.

"솔직히 여의도에 남아있으면 힘들 수 있어. 하지만 마음 강하게 먹고 나중에 인사 시즌에 정상적으로 이동했으면 좋겠어. 내 입장에서 너는 업무를 많이 하는 게 아니라서 네가 있든 없든 나는 상관없어. 언니로서 이야기하는 거야. 네가 사회생활에서 실패하길 바라지 않아. 그리고 최차장님도 잘못된 건 벌을 받고, 본인도 재개해야지."

지사장은 마지막까지 최차장 이야기를 꺼내며 그의 미래를 이야기했다. 피해자로서 최차장의 재개 여부는 관심 대상이 아니었다. 나에게 최차장은 기억에서 지우고 싶고 듣고 싶지 않은 이름일 뿐이었다.

"내가 고민한 게 혹시 우리 직원들이 너를 왕따 시켰나, 생각했어. 그런데 내가 알기로 그럴 만한 직원이 없어."

"네, 왕따 시키지 않았어요."

"그런데 왜 다른 곳으로 가고 싶어? 그런 이유가 없고서야 갑자기 왜 가? 여의도 사람들 너무 착한 사람들이야. 그리고 사람들은 다 완벽하지 않아. 나도 완벽하지 않고 너도 완벽하지 않고. 그리고 상무라고 완벽하겠어?"

지사장은 이해할 수 없다는 표정으로 나를 바라봤다.

"네가 사회생활을 이해하려면 내년 정도 돼야 할 것 같아. 네가 나한테 실망할 수 있고, 내 말이 상처가 될 수 있겠지만, 난 이야기를 해주고 싶었어. 그리고 여성으로서. 전에도 얘기했잖아, 여성 리더가 많아져야 한다고. 여성이 리더가 못 되는 이유는 여성들이 이런 관계에서 쉽게 무너져."

"이유가 꼭 그런 것만은 아니고. 피해자와 행위자의 분리가 잘 되고, 주변에서 2차 가해를 하지 않길 바랐는데…… 제 마음이 불편했어요. 사람들이 어떻게 볼지도 신경이 쓰이게 되고 악순환이더라고요."

"네가 이렇게까지 상황을 벌어지게 했으면……."

지사장은 목소리를 한 톤 높여 대답했다.

"내가 봤을 때는 본인이 편견이 있는 거 같아. 피해자가 피해를 안 보고 보호를 받아야 하는데 본인이 보호를 못 받았다? 보호 기준이 뭘까? 난 너한테 선택지를 줬어. 나는 사회생활을 많이 해봤으니까 소문이나 힘든 상황은 분명 일어날 상황이란 걸 알고 있었어. 내가 선택지를 제시했을 때 네가 바로 분리해달라고 대답하길래 나는 네가 고민 많이 했다고 생각해서 오케이 했어. 네가 마음을 강하게 먹었을 거라고 생각했지. 근데 네가 팀 이동한다는 이야기를 들으니, 내가 오해를 했나 보다."

그녀는 한 템포 쉬고 말을 쏟아냈다. '이렇게까지 상황을 벌어지게 했다'는 말을 듣고, 지사장은 내가 신고한 것을 지지해주지 않는다는 것을 다시 한번 느꼈다. 머리가 띵했다. 지사장은 직책자임에도 신고하는 것을 당연하게 여기지 않고 어쩌면 유난을 떤다고 생각하는 것 같았다. 또한, 근무지 변경 등의 피해자 보호 방안은 '남녀고용평등과 일·가정 양립 지원에 관한 법률'에 나와 있는 가장 기본적인 사항 아닌가.

주변의 반응이 이렇게 합리적이지 않기 때문에 신고를 할 때 피해자는 무려 '용기'를 내야 한다. 또한, 신고했을 때 주변 사람들의 시선을 감당해야 한다. 오사원이 선배를 신고했을 때 절대적으로 지지해주었다던 그녀의 직상급자가 생각났다.

내가 여기서 버티는 것이 여러모로 나을 것임을 알고 있다. 하지만 나에게 버틸 힘이 남아있지 않은데 내가 어떻게 남아 있을 수 있을까. 당장에라도 퇴사하고 싶은데.

버틸 수 있는 기준은 사람마다 다르다. 다 인정하고 도망가는 건데, 그냥 갈 수 있게 놓아주면 안 될까.

"강하게 마음을 먹고 여의도에 남아서 승자가 되어야겠다고 생각했는데, 지내다 보니까 생각보다 힘들고 우울하더라고요."

"근데 내가 아까 그랬잖아. 옆에 동료가 힘들게 하면 우울해. 그런데 동료가 안 그랬다며? 다른 팀 사람들이 뭐라고 했어? 그 사람들은 자기 일이 아니니까 지켜볼 뿐이야. 결국 모든 건 시간이 해결해줄 거야. 그런데 지금 네가 다른 부서로 이동하면? 결국 이렇게 될 것을 뭐 하러 일을 벌였을까?"

그녀는 강한 억양으로 '뭐 하러 일을 벌였을까'라는 말을 반복했다. 이 말은 두 번째 들어도 귀에 쏙쏙 박혔다.

"불과 2달 됐잖아. 6개월은 있어야 정리가 될 거야. 연말 되면 사람들은 다 잊어버릴 거야. 그리고 사람들이 소문을 내려고 내는 게 아니라 사람들이 모여 있어서 그래. 지금 부서 이동하면 동기들한테도 소문이 날 거고. 소문은 따라다니게 돼

있어. 그걸 스스로 만들지 마. 소문은 본인이 만드는 거야. 본인이 걸어간 발자국이 고스란히 남는 거야."

지사장이 살짝 언성을 높이긴 했지만, 우리는 웃으며 대화를 마무리했다. 그럼에도 내 마음은 시종일관 불편했다. 그건 아마 지사장도 마찬가지였을 것이다. 그녀의 커다란 눈 아래로 입술이 파르르 떨리는 것을 봤다.

그녀와의 대화를 통해 인사이동은 옳은 선택이라는 생각이 들었고, 최대한 빠른 시일 내에 이동해야겠다고 생각했다.

기약 없는 기다림

"새빛씨, 인사이동 한다며?"

휴게실에서 쉬고 있는 나에게 김차장이 작은 목소리로 물었다. 내가 인사이동을 한다는 소문은 빠르게 여의도 지사 안에 퍼졌고, 직원들이 하나둘 인사이동에 관하여 물었다. 나는 죄송스러운 표정으로 그렇게 됐다고 말할 뿐, 언제 어디로 가는지는 대답할 수 없었다. 확정된 것은 내가 이동한다는 사실 하나였다. 그렇게 미안함, 불편함, 불안함이 뒤섞인 채 소과장의 전화만을 기다리는 사이 시간은 흐르고 있었다.

어느덧 부서 이동을 하겠다고 말한 지 1주가 지났고, 주어진 일을 하고는 있지만 1분 1초가 찝찝한 가시방석이었다.

"그런데 새빛씨, 영업 직무 외로는 인사이동 불가능한 거 아니에요? 다시 영업 지원 센터로 돌아갈 거예요?"

정사원이 물었다.

"글쎄요. 고향인 광주 지사로라도 가야 할까요. 아직 아무 것도 모르겠어요."

나는 인사이동에 관한 상세 사항을 사람들에게 공유하지 않았고, 정사원에게는 마음에도 없는 광주 지사 얘기를 했다. 이러다가 이동을 하지 못하는 것이 아닌지 불안감이 극에 달할 때쯤 소과장에게 전화가 왔다.

"새빛씨 잘 지냈어요? 지금 전화 가능해요?"

"잠시만요."

나는 주변의 눈치를 보며 수첩과 펜을 챙겨 조용히 사무실에서 나왔다.

"과장님, 안녕하세요. 지금 전화 가능한 곳으로 이동하고 있어요. 잠시만요."

나는 전화 부스를 찾아 우당탕 계단을 올라갔다.

"네, 이동 다 하시면 말씀해주세요."

무려 3층이나 올라간 후에야 빈 전화 부스를 찾을 수 있었다. 사람 한 명이 겨우 들어갈 만한 전화 부스에 들어가 의자에 걸터앉았다.

"네, 말씀하세요, 과장님."

숨을 고르며 말했다.

"먼저 최차장님이 어떻게 되는지에 관해서 이야기해줄게요."

소과장이 나의 인사이동이 아니라 최차장의 소식을 먼저 이야기한다는 것이 불안했다. 만약 인사이동이 가능했다면, 소과장은 전화를 하자마자 축하한다며 부서 이동에 관하여 먼저 말했을 테니까.

"최차장님에게 아직 통보되지는 않았지만, 신고인의 의견까지 반영해서 정직 1개월로 최종 결론이 났어요."

소과장은 최차장의 징계 확정에 관하여 이야기했다. 나는 최차장의 징계가 정직 1개월로 결정되었다는 이야기를 1주도 더 전에 들었는데, 본인에게는 다음 주나 되어야 정식으로 통보된다고 한다. 회사의 프로세스는 내가 생각하는 것보다 길고 복잡했다.

"유새빛씨. 인사이동에 관해서는 저희 팀장님은 승인했는데……."

이윽고 소과장은 인사이동에 관한 이야기를 꺼냈다. '올 게 왔구나'라고 생각하며 그의 말에 집중했다. 가라앉은 그의 목소리를 들으니 불길한 예감이 현실이 되는 것 같았다.

"본사 인사팀에서 안 된다고 회신이 왔어요. 대리 진급하기 전까지 직무 변경이 불가능하다고…… 완고하게 말했어요."

희망에 부풀었던 기대감은 힘없이 바닥으로 추락했다.

"재배치가 필요하다면 영업 내에서 진행될 거예요. 그 어떠
한 예외도 만들 수 없대요."

해결할 수 없는 커다란 산이 솟아난 것 같았다. 손에 힘이
풀려 소과장의 말을 받아 적으려고 들었던 펜을 놓쳤다.

"그러니 서울 내에서 다른 영업 지사를 선택하든, 아니면 서
울이 아닌 지역으로 가는 방향으로 생각해야 할 것 같아요."

소과장은 나긋나긋한 목소리로 권유했다.

"저는 영업 조직에서 가고 싶은 곳이 없어요."

서울 지역 안에서 이동하게 되면 나는 여전히 상무의 영향
권 안일 것이고, 서울 지역 지사 사람들은 나의 소문에 대해
알고 있을 것이다. 그렇다고 해서 타 지역으로의 이동은 더더
욱 하고 싶지 않았다. 왜 내가 연고도 없는 지방으로 가야 한
단 말인가. 절망스러웠다.

"참…… 면목이 없네요."

내 목소리에 절망감이 묻어났는지 소과장은 더욱 낮은 목
소리로 말했다. 그 또한 답답한 소식을 전할 수밖에 없음에
마음이 편치 않을 것이다.

"제가 본사 인사팀장님 직접 만나서 이야기해볼게요."

아직 마지막 방법이 남아있었다. 본사 인사팀장을 직접 만
나는 것이었다. 본사 인사팀장을 사원인 내가 직접 대면하는

것이 옳은 방법인지 확신할 수 없었지만 방법이 없었다.

박팀장은 우리 기수의 채용을 총괄한 사람이었다. 그는 신입사원 공식 행사 자리에 한 번씩 나타나곤 했는데, 그때마다 "힘든 일이 있는 신입사원은 다른 사람이 아니라 꼭 저에게 연락해주세요"라고 강조하여 말하곤 했다. 공식 단상에 서 있던 그는 항상 자신은 신입사원들에게 큰 관심을 가지고 있다고 말했다.

'힘든 일 있으면 말하라고 하셨잖아요. 우리 회사 좋은 곳이라면서요. 배치된 신입사원들 잘 케어할 거라고 하셨잖아요.'

박팀장이 다른 이유를 묻지도 않고 나의 인사이동을 단칼에 거절하고 아무 피드백이 없었다고 생각하니 원망스러운 감정이 들었다.

"네, 유새빛씨. 그러면 박팀장님이랑 얘기해보고, 결정되는 사항이 있으면 중간중간 공유해주세요."

"네."

'팀장님, 안녕하세요? 여의도 영업 지사 유새빛 사원입니다. 팀장님께 조언을 구하고 싶은 일이 있습니다. 괜찮으시면 시간 되실 때 찾아뵙고 싶습니다. 감사합니다.'

지웠다 썼다를 반복하다가 문자를 보냈다. 막다른 길에 다다르니 본사 인사팀장을 만나는 것이 어렵게 느껴지지 않았다. 핸드폰을 손에 꼭 쥐고 답장을 기다렸다.

'안녕하세요? 내일 오후에 시간 되세요?'

박팀장은 빠르게 답장을 보냈다.

'내일은 제가 모교에 캠퍼스 리크루팅을 가야 해서요.'

내일은 모교에 캠퍼스 리크루팅을 가는 날이었다. 잊을 뻔했다. 회사에 대한 애사심이 입사 이래로 가장 낮은 시점에 모교 채용 설명회에 참여하게 되다니 이렇게 기막힌 타이밍일 수 없었다.

'그럼 다음 주 수요일에 만나는 걸로 할까요? 내일 리크루팅 잘 부탁해요^^'

리크루팅에서 후배들에게 회사를 대표하여 회사의 장점을 잘 어필할 자신이 없었다.

이른 아침 모교로 향했다. 초가을 선선한 바람을 맞으며 여의도가 아닌 캠퍼스로 향하니 기분이 몽글몽글해졌다. 동문인 임사원과 한적한 캠퍼스를 걸었다.

"와, 학교 많이 변했다. 저 건물은 못 보던 건데?"

졸업한 지 3년이 넘은 임사원은 캠퍼스를 두리번거리며 신기한 포인트를 어린아이처럼 짚어냈다.

"새로 지은 건물이야. 그리고 도서관 완전히 뜯어고친 거 알아?"

졸업한 지 1년이 채 되지 않은 나는 임사원이 모를법한 정보들을 알려주었고, 그때마다 임사원은 감탄사를 내뱉었다. 임사원과 나는 같은 대학, 같은 단과대, 같은 회사, 같은 직무, 같은 지사로 여러 교집합을 가지고 있었다. 사회에서 만난 동문과 함께 모교를 방문하니 새로운 기분이 들었다.

학생회관에서 본사 인사팀 양과장이 미소를 띠며 우리를 반겼다. 연이어 동기 2명이 도착했다.

"다들 아침 일찍 오시느라 수고 많으셨어요. 교내 카페 열려있으면 커피 한 잔 마시면서 일정 이야기할까요?"

캠퍼스 리크루팅에 참여한 회사 동기이자 대학 동문인 우리 4명은 양과장과 함께 교내 카페로 향했다.

"학교가 크고 캠퍼스가 예쁜 편이에요."

우리 학교에 아마 처음 와봤을 양과장에게 나는 학교에 대해 설명했다.

"맞아요, 오르막길도 없고 조경이 잘 되어있어요."

대학 시절 나와 함께 학교 홍보대사를 했던 최사원이 덧붙였다.

"하하. 저희 형이 여기 출신이라 저도 어느 정도 알고 있어요."

양과장이 활짝 웃으며 말했다. 임원 면접에서 처음 만났던 양과장은 그때 생각했던 것처럼 친절해 보이는 사람이었다.

"저희 4명이 이번에 채용하는 직무를 다 알지 못하는데 어떻게 설명을 하죠?"

임사원은 아메리카노를 들이컨 후 평소와 같은 큰 목소리로 질문했다. 임사원과 나는 법인영업, 다른 두 동기는 기술개발 직무였기 때문에 경영지원, 생산관리, 마케팅 등 다른 직무에 대해 자세히 알지 못했다.

"제가 설명해드릴게요."

양과장은 채용 책자를 나눠주며 직무뿐만 아니라 예상되는 질문들을 말해주었다. 그리고 "너무 좋게만 얘기하지 않으셔도 됩니다. 후배들에게 솔직하게 말씀해주세요"라고 덧붙였다. 본사 인사팀 직원이 회사에 대하여 솔직하게 이야기하라고 해서 적잖게 놀랐다. 그리고 그는 취준생들이 관심을 가질 만한 회사의 장점들을 설명했다.

"우리 회사가 가족 친화적인 기업으로 잘 알려져 있죠. 육아휴직을 눈치 보지 않고 자유롭게 쓰는 편이라고 이야기하는데, 실제로도 육아휴직 사용 수치를 보면 공무원 조직보다도 높아요."

우리 회사는 가족 친화적이며 여성이 다니기 좋은 회사라고 알려져 있는데, 나는 왜 이렇게 고통을 받는 걸까.

10시가 되자 부스에 후배들이 하나둘 모여들었다.

"안녕하세요. 법인영업 직무 지원하려고 해요."

두툼한 백팩을 멘 여학생과 가장 먼저 상담을 하게 되었다. 그녀의 손에는 여러 번 수정한 흔적이 보이는 자기소개서가 있었다. 알지 못하는 후배이지만, 취준생 때의 내 모습이 생각났다.

"아, 선배님은 여의도에서 법인영업하시는 거예요? 일과가 어떻게 되세요? 힘들진 않으세요?"

후배를 보며 순간 나는 입이 떨어지지 않았다. 이것저것 질문하는 그녀의 얼굴에 순수함이 묻어있는 것 같았다. 최차장 눈에는 내가 어떻게 보였을까. 사회초년생이니까, 아무것도 모를 것 같으니까, 만만하니까 나를 성희롱한 것일까. 순간 많은 생각이 들었다. 영업 조직은 남성 중심적인 조직 분위기이기 때문에 여자 후배가 입사하면 또 나와 같은 일을 겪을 것만 같았다. 차라리 여자 후배들은 영업 직무에 지원하지 않길 바랐다.

"선배님?"

결국 나는 뻔한 대답을 했다. 그렇게 하루 종일 만난 후배들에게 나는 제삼자가 되어 법인영업 직무를 설명했다. 그들이 보기에 나는 '직무에 잘 적응하고 있는 선배'였을 것이고,

법인영업 직무는 꽤나 매력적으로 느껴졌을 것이다.

박팀장을 만나기로 한 날 오전에 팀 행사가 있었다. 수원에서 점심 회식을 하고 팀원들과 여의도로 돌아가는데 차가 생각보다 막혔다. 약속 시간에 늦을까 봐 조마조마했고, 결국 박팀장에게 늦을 것 같다고 문자를 보냈다. 문자를 읽은 박팀장에게 전화가 왔고 나는 작은 목소리로 곧 도착한다고 말했다.

"왜? 빨리 가야 해? 누구 만날 사람 있어?"

앞좌석에 앉은 강차장이 물었다.

"아…… 네."

"누구?"

"그게…….”

나는 인사이동 관련하여 본사 인사팀장을 만난다는 이야기를 아무에게도 하지 않았다. 내가 대답을 못 하자 팀장과 강차장은 서로 눈빛을 교환할 뿐 더 이상 나에게 누구를 만나는지 묻지 않았다. '적당히 지어내서 잘 대처할걸'이라고 후회하기에는 이미 분위기는 어색해져 있었다. 여의도에 도착한 후 나는 팀장과 강차장이 신경 쓰였지만 일단 약속 장소로 서둘러 뛰어갔다.

카페 앞에 체크 반팔 셔츠를 입은 박팀장이 핸드폰을 보며 서 있었다.

"늦어서 죄송합니다."

나는 숨을 고르며 말했다. 박팀장은 웃으며 괜찮다고 말했다. 따뜻한 레몬차 두 잔을 받아 사방이 유리로 되어있는 자리에 앉았다.

"편하게 말씀하세요."

박팀장은 나와 눈을 맞추며 말했다. 나는 하고 싶은 말을 빼곡하게 적어온 종이가 있었지만 꺼내지 못한 채 이야기를 시작했다.

"제가 얼마 전에 부문 인재팀을 통해서 인사이동을 요청했어요. 부문 인재팀에서는 승인을 했는데, 본사 인사팀에서 승인을 하지 않았다고 하더라고요. 사규에는 인사이동에 관한 규정이 자세히 나와 있지 않던데, 왜 이동이 불가하다고 말씀하셨는지 알고 싶어요."

나는 조심스럽게 말했다.

"그런 일이 있었어요?"

박팀장의 눈썹이 올라갔다.

"모르고 계셨나요?"

"네. 저는 이 사항에 관하여 보고받은 내용이 없어요. 아마 담당자가 자체적으로 판단한 것 같네요."

박팀장이 보고를 받지 않은 사항이라는 것을 알게 되면서 방법이 있을지도 모르겠다는 희망이 생겼다. 아무것도 전달받지 못한 박팀장에게 나는 회식 날 있었던 일부터 모두 설명했다. 준비한 순서는 잊어버린 채 생각나는 대로 말했다. 말은 자꾸 꼬이고 볼은 뜨거웠다. 박팀장은 뒤죽박죽 말하는 내가 답답할 법했지만, 인내심 있게 내 이야기를 들었고 가끔 고개를 끄덕였다.

"음…… 많은 일이 있었네요."

박차장은 두 손을 탁자에 올린 채 말했다. 그의 표정은 덤덤했다. 나는 왜 신입사원은 인사이동이 불가한지 물었고, 박팀장은 조곤조곤 사규에는 나와 있지 않은 인사 원칙에 관하여 설명했다. 박팀장은 본사 인사팀의 입장과 고민을 얘기해주었다. 그의 말을 듣고 보니 인사팀의 입장이 이해되기도 하고, 회사의 입장에서 합리적인 원칙이라는 생각이 들었다. 박팀장의 말에서 인사이동을 할 수 있는 방법을 찾으려고 노력했지만, 그의 말에는 틈새가 없었고 인사 원칙에 따르면 내인사이동은 불가능한 것이었다.

"저는 영업 조직의 기업 문화에 실망했어요."

나는 화제를 바꿔 영업 조직의 분위기에 대한 생각을 말했다.

"영업 조직은 다른 조직보다 기업 문화가 뒤처지는 것 같아요. 영업 지원 센터와 여의도 지사 두 조직에 있었을 때 모두

언어적 성희롱뿐만 아니라 육체적 성희롱을 당했고, 주변의
반응이 합리적이지 않았어요. 영업 지원 센터의 팀장님에게
오프라인 성희롱 예방 교육을 건의했을 때, 팀장님이 성희롱
예방 교육을 하게 되면 누가 교육의 원인인지 사람들이 궁금
해하기 때문에 행위자에게 악영향이 갈 수 있다고 말했어요.
여의도의 직책자는 제가 신고한 것을 두고 '일을 크게 벌였다'
라고 말하기도 하고, '징계를 감경해달라'고 요청하기도 했어
요. 인사를 받아주지 않고 뒤에서 제 험담을 하는 사람이 있
지만 2차 가해에 대한 조치도 없었고요."

박팀장은 업무용 수첩에 메모했다. 그의 펜은 노란 종이 위
에서 사각사각 빠르게 움직였다.

"그리고 회식 자리에서 행위자가 저한테만 어깨동무를 한 게
아닌데, 아무도 문제를 제기하지 않았어요. 다들 어깨동무 정도
는 괜찮다고 여기는 것 같았어요. 이미 굳어진 문화인 것 같아요."

회식 자리에서 김차장도 어깨동무를 당했지만, 아무런 반
응을 보이지 않은 것을 생각하고 말했다.

"현장 부서는 신입사원을 받을 준비가 되어있지 않은 것 같
아요. 그리고 폐쇄적으로 문제를 처리하길 원해요. 문제가 발
생했을 때 상담과 신고를 권장하는 것이 아니라 당사자끼리
합의하고 넘어가길 바라는 것 같았어요. 두 조직을 겪으면서

사회생활에 대한 회의감이 들었고, 중년 남성 직원이 어렵게 느껴지기까지 해요."

박팀장은 나의 마지막 희망이었다. 그가 듣기에 나의 말은 논리적이지 않고 나약한 사원의 푸념일 수도 있다. 하지만 신경 쓰지 않았다. 이 순간 누구의 눈치도 보지 않고 나를 최우선으로 두었고, 원하는 것을 얻기 위하여 적극적으로 내 생각을 말했다. 막다른 길에 도달한 신입사원에게 남의 눈치를 보는 것은 사치였다. 인사이동이 불가하면 퇴사하겠다는 각오는 나에게 여러모로 용기를 불어넣어 주었다.

"회사의 기업 문화가 변하고 있지만, 모든 조직이 똑같은 속도로 가는 건 어려워요."

박팀장은 덤덤한 표정으로 현실을 이야기했다. 그는 이내 다른 조직의 신입사원들이 겪는 고충을 하나둘 들려주었다. 카카오톡으로 휴일에도 업무 지시를 받는다는 동기, 높은 업무 강도에 지쳐 퇴사한다는 동기 등 힘들게 직장 생활을 하고 있는 동기가 많았다. 그는 여러 동기의 사례를 통해 회사 생활은 누구에게나 쉽지 않다고, 회사가 개인의 고충을 들어줄 이유가 없다고 말하는 것 같았다.

"신입사원이 입사 직무 외의 조직으로 이동하는 건 어려워요. 영업 조직이 아닌 다른 조직 중에 가고 싶은 부서가 있는 거예요?"

갑자기 박팀장은 나에게 희망하는 부서가 있는지 물었다.

"일단 제가 거쳤던 두 부서와 업무적으로 연관이 없고 지금의 직책자들이 영향을 미칠 수 없는 곳으로 가고 싶어요."

나는 간절함을 담아 말했다.

"얼마 전에 마케팅 본부에서 주최한 공모전 관련해서 마케팅 본부 상무님을 만났었어요. 만약 제가 마케팅 본부에 갈수 있다면 잘할 수 있을 거라고 생각해요."

나는 인사 원칙상 내가 이동할 수 없는 마케팅 본부를 말했다.

"그래요? 어떤 상무님 말씀하시는 거죠?"

"모바일플랫폼 담당의 이건중 상무님이요."

나는 신입사원 경진 대회 때 만났던 마케팅 본부 상무의 이름을 말했고, 박팀장은 상무의 이름을 받아 적었다. 사실 식사 제안을 받은 후 따로 연락이 온 적도 없고 인사이동에 관하여 상무에게 어필한 적도 없지만, 간절한 마음에 마케팅 본부와의 연결고리를 억지로 만들었다. 나는 마케팅 본부를 말한 후 박팀장의 눈치를 살폈다.

"아까 말씀드린 대로 신입사원은 입사 직무의 현장 부서에서 근무해야 한다는 원칙이 존재해요. 그렇기 때문에 마케팅 직무로 이동하는 건 어려워요."

박팀장이 마케팅 본부 상무의 이름을 메모하는 것을 보고 혹시나 하는 희망에 잠시 설렜지만, 역시나 인사이동은 불가했다. 좌절하려는 찰나에 박팀장의 말이 이어졌다.

"그래도 관련해서 저희 인사담당 상무님과 상의해보겠습니다. 그리고 마케팅 직무 말고 영업 직무에 새빛 사원이 이동해도 괜찮을 것 같은 부서가 있어요. B2B 사업의 전략을 수립하는 일을 하는 부서예요. 법인영업을 직접적으로 하는 부서는 아니지만, 새빛 사원이 입사한 직무와 커리어가 이어지는 부서예요."

박팀장이 언급한 부서는 여의도 지사나 영업 지원 센터와는 업무적으로 연관이 없는 곳이었다.

"인사 시스템에 들어가면 직무별 커리어패스를 볼 수 있는데, 거기에 보면 관련 부서들이 자세히 나와 있으니까 참고하시고요. 모바일플랫폼 담당, 그리고 영업전략 담당 두 부서로 인사이동이 가능할지 인사담당 상무님과 논의하고 연락드리겠습니다."

박팀장은 내가 생각하지 못했던 의외의 방법을 제시했고, 마음 한편에 다시 희망 한 움큼이 생겼다. 나는 사무실로 복귀하자마자 인사 시스템에 들어가 법인영업과 커리어가 이어지는 부서들을 찾아봤다.

두 팔 벌려 환영합니다

박팀장을 만나고 또 기약 없는 기다림이 시작되었다.

중간에 추석 연휴가 있긴 했지만, 박팀장에게 다시 연락이 오기까지 꽤 긴 시간이 걸렸다. 그동안 나는 존재 자체만으로 여의도 지사에서 대역 죄인이 된 기분이었다. 내가 여의도를 떠난다는 것은 공공연한 사실이 되었으며 선배들은 이슈가 있는 직원인 나를 편하게 대하지 못하는 것 같았다. 나에게는 더 이상 일이 주어지지 않았고, 나는 쉴 새 없이 전화를 받으며 바쁜 선배들을 보며 불편함과 미안함을 느꼈다.

박팀장의 연락을 기다리는 동안 혹시 인사이동을 하지 못하게 될 경우의 대안을 생각했다. 하반기 공채를 준비했고, 대학원을 알아봤다. 퇴사 일자는 언제로 하는 것이 좋을지도 생각했다. 그렇게 나는 박팀장의 답변을 기다리며 나침반도 없이 망망대해를 항해하는 것 같은 길고 불안한 시간을 보냈다.

3주를 말라죽을 듯이 보내고 나서야 박팀장에게 전화가 왔다. 나는 그의 전화를 받고 다급히 본사로 갔다. 오래간만에 만난 박팀장의 생각을 읽어보고 싶었지만, 그는 여전히 입을 굳게 다문 채 덤덤한 표정을 짓고 있었다. 신입사원 한 명의 인사이동을 협의하는데 무슨 이유로 3주라는 긴 시간이 걸렸을까. 나는 그가 무슨 말을 할지 너무 긴장되었다. 의례적인 인사를 한 후 박팀장은 입을 뗐다.

그의 첫 마디는 "대리가 되기 전 4년 동안 신입사원은 직무 이동을 할 수 없습니다"였다. 몇 주에 걸친 기다림이 산산조각 났다. 실망감과 허탈함에 마음이 요동쳤지만, 회사에서 쓸 수 있는 마지막 카드까지 썼다는 것에 의의를 두고 결과를 받아들이기로 했다. 마음을 진정시키고 대학원 자금을 마련하기 위해 회사에서 언제까지 버틸 수 있을지 생각했다. 나는 박팀장의 앞자리에 앉은 채 생각에 빠졌다. 정적이 길어지려던 찰나 박팀장이 입을 뗐다.

"일단 지난번에 새빛씨가 관심 있어 했던 모바일플랫폼 담당에도 연락해봤어요. 새빛씨는 아직 직무 변경을 할 수 없기도 하고, 그쪽에 자리 있는 팀이 없다고 해요. 무엇보다 새빛씨가 마케팅 관련 업무를 수행하기에는 역량이 부족할 것이라는 답변을 받았어요."

박팀장은 3주간 여러 부서들을 컨택한 내용을 말해주었다.

"그리고 법인영업 직무와 연관된 부서들에 연락해봤어요. 몇 군데 연락했는데 지난번에 말씀드렸던 영업전략 담당에서 새빛씨를 받고 싶다고 했어요."

"네?"

생각지 못한 대답에 놀랐다. 나를 받아준다는 그 부서는 법인영업과 직무 연관성은 있지만, 여의도 지사와 영업 지원 센터와는 업무적으로 연관이 없는 곳이었다.

"영업전략 담당 상무님한테 새빛씨 이야기를 했어요. 영업전략 담당에 인력이 필요하다고 새빛씨를 받고 싶대요."

"정말요?"

나는 놀란 표정으로 되물었다. 그 자리에서 조직도 앱을 켜해당 부서를 찾아봤다. 그 부서는 여러모로 좋은 조건을 가지고 있는 것 같았다. 박팀장은 그가 할 수 있는 최고의 대안을 제시한 것 같았다.

"거기서 두 팔 벌려 환영한다고 하더라고요."

박팀장은 옅은 미소를 띠며 말했다.

"다만 걱정스러운 건, 입사한 지 1년이 갓 지난 신입사원이 비인사 시즌에 인사이동을 하는 상황이기 때문에 구설수가 있을 것 같아요. 그 부분이 걱정스러워요."

박팀장은 인사이동을 할 수 있지만 내가 앞으로 주니어 직원들 사이에서 뜨거운 감자가 될 것 같다며 걱정되는 부분을 말해주었다. 하지만 나는 인사 시즌까지 기다릴 수 없었고, 어떤 소문이 나를 따라다니더라도 부서 이동을 해 회사에 남고 싶었다. 퇴사를 하지 않을 방법을 찾아서 기뻤다.

"잘 생각해보세요."

"네. 만약 제가 간다고 하면 언제 이동하게 될까요?"

"최대한 빨리, 당장 다음 주요. 여의도 지사에서 빨리 나와야죠."

박팀장은 내가 여의도 지사에 더 머무르면 안 된다고 판단했다.

"네, 생각해보고 연락드리겠습니다."

나는 기쁜 표정을 감출 수 없었다. 이전에 면담 때는 박팀장에게 힘든 것을 내색하며 무리한 요청을 한 것 같아서 민망하기도 했지만, 결과적으로 그렇게 함으로써 내가 원하는 것을 얻게 되었다. 나는 머리가 약간 멍해진 상태로 카페에서 나왔다. 꿈이 아니라 현실이었다. 여의도 지사장의 관할이 아닌 곳으로 인사이동을 할 기회가 생겼다. 물론 근무지도 서울이었다.

박팀장의 제안에 대해 고민하며 정사원의 고객사에 따라갔다. 여의도에 처음 왔을 때 내가 도왔던 입찰 사업이 수주되었고, 드디어 정식으로 계약하는 날이었다. 고객사 키맨과 벌써 네 번째 만나는 자리였다.

"이제 우리 회사는 정사원이 아니고 새빛 사원이 담당하는 거예요? 이제 정사원 조수는 졸업하는건가? 허허."

키맨은 계약서의 장마다 빨간 인주를 가득 묻힌 인감도장을 찍으며 말했다. 처음에는 그가 까다롭게만 느껴졌는데, 이제는 어느 정도 라포를 쌓았다고 느껴졌다.

키맨과 미팅을 하고 나오는 길에 나는 박팀장이 제시한 부서에 대해 확신이 생겼다. 걸어가면서 핸드폰을 꺼내 박팀장에게 인사이동을 하겠다고 문자 메시지를 보냈다.

그리고 10분 뒤 모르는 번호로 전화가 왔다.

"여보세요?"

"안녕하세요. 저 ○○부서 팀장입니다."

내가 이동하기로 한 부서에서 당장 나와 면담하길 원했다. 나는 정사원에게 들를 곳이 있다고 말한 후 급하게 새로운 부서를 찾아갔다. 갑작스럽고 아무것도 준비하지 않아서 긴장되었다. 새로운 팀장은 드라이하게 나를 맞이해주었다. 새 부서가 있는 층은 개미 한 마리 없는 것처럼 조용했기 때문에 팀장과 나의 대화 내용이 옆 팀까지 들릴 것 같았다. 박팀장은 내가 원하면 바로 인사이동을 할 수 있다고 말했지만, 혹시나 새 팀장이 나와 대화를 해보고 받고 싶지 않아 할까 봐 걱정되었다. 새 부서의 팀장은 영업전략 담당이 무슨 일을 하는 곳인지 천천히 설명해준 후 혹시 원하는 R&R이 있는지 물었다. 나는 일을 많이 배울 수 있는 R&R을 원한다고 말했다. 새 팀장은 알겠다고 한 후, 다음 주 월요일부터 이곳으로 출근할 수 있도록 인사이동 공지를 하겠다고 말했다. 남은 시간이 며칠 없었다.

새 팀장에게 인사를 하고 나왔다. 어느덧 해가 지고 있었다. 박팀장과의 면담부터 새로운 팀장과의 면담까지 정신없이 흘러간 하루였다. 사무실로 복귀하려던 순간 한 통의 메일을 받았다.

『서류전형 합격을 축하드립니다.』

가장 가고 싶었던 회사의 서류전형에 합격했다. 모든 일이 잘 풀리고 있었다.

다음 주 월요일 발령을 예상하며 남은 기간 동안 업무를 정리했다. 금요일에는 마포구에 있는 한 초등학교 방문을 마지막으로 여의도 지사에서의 모든 일을 마무리 지었다. 내가 담당하던 몇 안 되던 고객사에는 메일로 새로운 담당자의 연락처를 보냈다. 나로 인해 정사원의 일이 늘어나는 것 같아 미안했다.

금요일에 마지막으로 여의도 지사에서 퇴근할 때 연차휴가, 외근 등의 이유로 팀에 사람이 절반밖에 없었다. 마지막이니 선배들이 아쉬워하긴 했지만, 갑작스럽고 이슈가 있는 이동인 만큼 팀 회식 등의 행사는 없었다. 지사장은 나를 불러서 잘되었고, 가서도 잘하라는 이야기를 짧게 했다.

나는 그렇게 조용히 여의도 지사를 떠났다. 여의도 지사로 발령을 받은 날로부터 98일이 지난 후였다.

해피엔드 아닌 현실엔드

　새로운 부서에 간 지 어느덧 두 달이 지났고, 달력은 마지막 페이지에 와있었다. 인사시즌을 맞아 전사의 분위기가 어수선했다. 승진은 아직 나와 먼 이야기이지만, 우리 조직에서 승진자가 나올지, 내가 아는 사람이 승진하진 않을지 궁금했다. 오직 소수의 사람만 승진을 하기 때문에 승진 대상자들의 마음은 뒤숭숭해 보였다. 물론 계약 연장을 앞둔 임원도 마찬가지인 것 같았다.

　"승진 발표 방송해요. TV 켜주세요."

　5시가 지난 시간 누군가 외쳤다. 사무실의 모든 직원은 하던 일을 멈추고 몸을 돌려 TV를 바라보고 앉았다.

　정장을 입은 진행자가 승진 발표 방송을 진행했다. 전국의 모든 승진자 이름을 호명했기 때문에 방송은 생각보다 길어

졌다. 모르는 이름만 계속 들려 지루함을 느끼던 순간 진행자
가 말했다.

"이제 법인영업 담당 서울 지역의 승진자를 발표하겠습니다."

법인영업 담당이라는 말에 귀를 쫑긋 세웠다. 진행자 입
에서 승진자의 이름이 읊어졌다. 서울 지역 영업 지사에는
400명에 가까운 직원이 있지만, 놀라울 정도로 승진자가 적
었다. 심지어 승진자가 없는 지사도 있었다. 종로 지사 승진
자 발표를 마치고 드디어 여의도 지사 승진자를 발표할 차례
가 되었다.

"여의도 지사장 이선경, 부장으로 승진."

여의도 지사장은 부장으로 승진했다. 그녀는 여의도 지사
장 1년 차로서 직원들과 갈등이 많았고 지사장을 그만두겠다
는 의사를 상무에게 말한 적도 있다고 했지만, 그럼에도 그녀
는 승진했다. 그녀는 직책자로서의 자리를 굳히고 있었다.

그리고 또 들려온 한마디,

"법인영업 담당 상무 배창섭, B2B사업본부장으로 승진."

올해가 임원직의 마지막 해였던 상무는 재계약에 성공했
고, 심지어 본부장으로 승진했다. 가뭄에 콩 나듯 존재하는
승진자 중에 지사장과 상무가 있었다. 두 직책자는 승승장구
하고 있었다.

그들의 승진을 보고 있으니, 회사는 직장 내 성희롱을 큰 문제로 인식하긴 하지만 2차 가해나 해당 조직의 대응에 대해서는 관심이 없다는 것을 알았다. 2차 가해와 직책자의 역할에 대한 가이드라인은 미비했으며 잘 지켜지지 않았다. 지사장과 상무가 고통받길 바란 것은 아니었지만, 그들이 담당하는 조직에서 성희롱이 있었음에도 승승장구하는 직책자들을 보니 합당하지 않다는 생각이 들었다. 행위자의 잘못이 크긴 하지만, 성희롱이 발생하지 않도록 사전에 조직의 분위기를 바르게 조성하지 못한 직책자의 책임도 크지 않은가. 물론 그들은 사건 이후의 대처 또한 바르게 하지 못했다.

"그래서 지금은 퇴사하신 건가요?"

내가 겪은 직장 내 성희롱 이야기를 책으로 쓰겠다고 말했을 때 누군가 물었다.

"아니요. 아주 잘 다니고 있습니다."

나는 활짝 웃으며 대답했다. 나는 퇴사하지 않고 회사에서 살아남았다. 더 이상 우울하지 않고, 새로운 부서에 적응하는 중이다. 퇴사했다면 보지 못했을 회사의 장점을 하나씩 보고 있다. 물론 새로운 부서도 완벽한 곳은 아니지만, 나는 앞으로 어려운 일이 닥쳐도 잘 헤쳐나가기 위해 조금씩 단단해지고 있다.

얼마 전 새 팀장과 상반기 정기 인사 면담을 했다.

"새빛."

팀장은 웃으며 내 이름을 불렀다. 팀장은 며칠 전에 보고서를 다시 쓰라며 내가 쓴 보고서에 연필로 줄을 죽죽 그었다. 내 보고서는 Version3까지 팀장의 연필에 누더기가 되었다. 내가 쓴 글을 볼 때마다 팀장은 황당하다는 듯 허허 웃으며 피드백을 주었다. 미숙한 실력에 부끄럽기도 하고, 매번 피드백을 해주는 것에 감사하기도 했다.

"이걸론 안 돼. 훨씬 더 잘해야 돼."

팀장은 면담실에서 여전히 웃으며 말했다. 그의 웃음은 아직 배울 것이 많은 나를 기다려준다는 의미로 느껴졌다.

"네!"

힘차게 대답했다. 새로운 팀장과 상무는 나의 인사이동 사유에 대해 여태껏 단 한 번도 언급한 적이 없었다. 이슈가 있는 직원이기에 거절했을 법도 했지만, 두 팔 벌려 나를 환영해준 우리 조직에 새삼 고마움을 느끼는 요즘이다.

직장 내 성희롱 피해자를 위한 Tip

직장 내 성희롱 피해자가 되었을 때 경황이 없고, 정보를 수집하기 어려워 대응에 어려움을 겪을 수 있다. 내가 정리한 Tip과 대응방안이 다른 피해자들에게 도움이 되길 바란다.

직장 내 성희롱이란?

▶ 직장 내 성희롱의 정의

○ 남녀고용평등과 일·가정 양립 지원에 관한 법률 제2조 제2호

"직장 내 성희롱"이란 사업주·상급자 또는 근로자가 직장 내의 지위를 이용하거나 업무와 관련하여 다른 근로자에게 성적 언동 등으로 성적 굴욕감 또는 혐오감을 느끼게 하거나 성적 언동 또는 그 밖의 요구 등에 따르지 아니하였다는 이유로 근로조건 및 고용에서 불이익을 주는 것을 말한다.

○ 국가인권위원회법 제2조 제3호 라목

업무, 고용, 그 밖의 관계에서 공공기관의 종사자, 사용자 또는 근로자가 그 직위를 이용하여 또는 업무 등과 관련하여 성적 언동 등으로 성적 굴욕감 또는 혐오감을 느끼게 하거나 성적 언동 또는 그 밖의 요구 등에 따르지 아니한다는 이유로 고용상의 불이익을 주는 것을 말한다.

☞ 위와 같이 직장 내 성희롱은 업무 등과 관련하여 성적 언동 등을 통해 상대방에게 성적 굴욕감 또는 혐오감을 느끼게 하는 행위를 말한다.

▶ 직장 내 성희롱의 유형과 예시

직장 내 성희롱은 육체적, 언어적, 시각적 성희롱과 그 밖에 사회 통념상 성적 굴욕감 또는 혐오감을 느끼게 하는 것으로 인정되는 언어나 행동의 기타 성희롱으로 분류할 수 있으며 예시는 아래와 같다.

- 입맞춤, 포옹 또는 뒤에서 껴안는 등의 신체적 접촉 행위
- 가슴, 엉덩이 등 특정 신체부위를 만지는 행위
- 안마나 애무를 강요하는 행위
- 음란한 농담을 하거나 음탕하고 상스러운 이야기를 하는 행위
- 외모를 평가하거나 성적으로 비유하거나 신체부위를 언급하는 행위
- 성적인 사실 관계를 묻거나 이야기하거나 성적인 내용의 정보를 퍼뜨리는 행위
- 음란한 사진, 그림, 낙서, 출판물 등을 게시하거나 보여주는 행위
- 자신의 특정 신체부위를 고의적으로 노출하거나 만지는 행위
- 상대방의 특정 신체부위를 음란한 시선으로 쳐다보는 행위

(출처: 고용노동부 직장 내 성희롱 예방·대응 매뉴얼)

▶ 직장 내 성희롱의 판단기준

최근 대법원은 아래와 같이 성희롱 판단의 기준을 제시한 바 있다.

성희롱이 성립하기 위해서는 행위자에게 반드시 성적 동기나 의도가 있어야 하는 것은 아니지만, …… 객관적으로 상대방(피해자)과 같은 처지에 있는 일반적이고도 평균적인 사람으로 하여금 성적 굴욕감이나 혐오감을 느낄 수 있게 하는 행위가 있고, 그로 인하여 행위의 상대방이 성적 굴욕감이나 혐오감을 느꼈음이 인정되어야 한다.

(대법원 2018.4.12., 선고 2017두74702 판결)

☞ 위의 판결과 같이 성희롱은 행위자의 의도에 의해 성립되는 것이 아니다. 그렇다고 해서 피해자 개인의 주관에 의하여만 성립되는 것도 아니다. 객관적으로 피해자와 같은 처지에 있는 평균적인 사람의 입장에서 생각해 보았을 때도 성적 굴욕감을 느꼈음이 인정되어야 성희롱이 성립된다.

대응 방법과 직장 내 성희롱 위반 시 벌칙

전문 상담기관과 상담하여 충분히 준비한 후 대응한다. 전국 고용평등상담실을 통해 직장 내 성희롱 해당 여부, 증거 수집 방법, 대응 방안, 심리 치료 등에 대해 상담을 받을 수 있다.

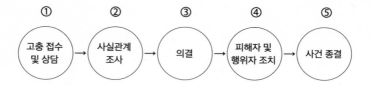

① 고충 접수 및 상담 → ② 사실관계 조사 → ③ 의결 → ④ 피해자 및 행위자 조치 → ⑤ 사건 종결

▶ 사내 대응 방법

1. 고충 접수 및 상담

　가) 사규와 취업규칙을 확인하여, 고충처리기구 설치 여부 및 고충 담당자를 확인한다.

　나) 고충상담원을 통해 고충을 접수하여 상담을 진행한다(고충처리기구가 마련되어있지 않거나 담당자가 없다면 인사부서에 고충을 접수한다).

　다) 담당자와 상담을 할 때,

　　• 육하원칙에 따라 행위에 대하여 구체적으로 설명한다.

　　• 행위자의 인사이동, 징계, 재발 방지 약속, 사과 등 본인이 원하는 해결 방법을 말한다.

　　• 당사자 간 합의를 할지 사규에 따라 해결할지 결정한다.

　라) 고충 접수 및 상담은 피해자가 아니더라도 누구든지 할 수 있다.

2. 사실관계 조사

　가) 상담 과정에서 당사자 간 합의가 되지 않거나, 사실 관계가 명확하게 드러나지 않거나, 징계 절차가 필요한 경우 사실관계를 조사하게 된다.

　나) 사실 관계 확인에 도움이 되는 증거 자료를 담당자에게 제출한다(증인

이 될 수 있는 주변인에게 조사를 요청할 수 있다).

　다) 피해자를 보호하기 위한 법률들이 마련되어있으니, 조사가 진행되는
　　　동안 상황에 맞게 제도를 사용한다.

○ 남녀고용평등과 일·가정 양립 지원에 관한 법률 제14조

② 사업주는 제1항에 따른 신고를 받거나 직장 내 성희롱 발생 사실을 알게
　　된 경우에는 지체 없이 그 사실 확인을 위한 조사를 하여야 한다. 이 경우
　　사업주는 직장 내 성희롱과 관련하여 피해를 입은 근로자 또는 피해를 입
　　었다고 주장하는 근로자(이하 "피해근로자등"이라 한다)가 조사 과정에
　　서 성적 수치심 등을 느끼지 아니하도록 하여야 한다.

③ 사업주는 제2항에 따른 조사 기간 동안 피해근로자등을 보호하기 위하여
　　필요한 경우 해당 피해근로자등에 대하여 근무장소의 변경, 유급휴가 명
　　령 등 적절한 조치를 하여야 한다. 이 경우 사업주는 피해근로자등의 의
　　사에 반하는 조치를 하여서는 아니 된다.

⑥ 사업주는 성희롱 발생 사실을 신고한 근로자 및 피해근로자등에게 다음
　　각 호의 어느 하나에 해당하는 불리한 처우를 하여서는 아니 된다.

　1. 파면, 해임, 해고, 그 밖에 신분상실에 해당하는 불이익 조치

　2. 징계, 정직, 감봉, 강등, 승진 제한 등 부당한 인사조치

　3. 직무 미부여, 직무 재배치, 그 밖에 본인의 의사에 반하는 인사조치

　4. 성과평가 또는 동료평가 등에서 차별이나 그에 따른 임금 또는 상여금 등
　　　의 차별 지급

　5. 직업능력 개발 및 향상을 위한 교육훈련 기회의 제한

6. 집단 따돌림, 폭행 또는 폭언 등 정신적·신체적 손상을 가져오는 행위를 하거나 그 행위의 발생을 방치하는 행위

7. 그 밖에 신고를 한 근로자 및 피해근로자등의 의사에 반하는 불리한 처우

⑦ 제2항에 따라 직장 내 성희롱 발생 사실을 조사한 사람, 조사 내용을 보고 받은 사람 또는 그 밖에 조사 과정에 참여한 사람은 해당 조사 과정에서 알게 된 비밀을 피해근로자등의 의사에 반하여 다른 사람에게 누설하여 서는 아니 된다. 다만, 조사와 관련된 내용을 사업주에게 보고하거나 관 계 기관의 요청에 따라 필요한 정보를 제공하는 경우는 제외한다.

☞ 피해자를 보호하기 위하여 조사는 빠른 시일 내에 이뤄져야 하며, 피해자 는 상황에 맞게 근무지 변경 및 유급휴가 등을 요구할 수 있다. 또한 사업 주는 신고자 및 피해자에게 불리한 처우를 해서는 안 되며, 조사관은 조 사 과정에서 알게 된 사실을 누설해서는 안 된다.

3. 의결

가) 조사 결과를 토대로 심의위원회 또는 담당부서에서 성희롱 성립 여부 를 판단한다.

나) 행위자와 피해자에 대한 조치를 의결한다(행위자에 대한 조치에 관하 여 피해자의 의견을 들어야 한다).

4. 피해자 및 행위자 조치

가) 심의위원회 또는 담당부서에서 행위자에 대한 징계 조치, 피해자에 대 한 보호 조치를 이행한다.

5. 사건 종결

　가) 사건이 종료되고 고충처리담당자는 재발 방지를 위한 교육 및 모니터
　　링을 이행한다.

나의 경우, 사내 절차가 원활하게 진행되었다고 생각했다. 하지만 돌이켜 생
각해보면 아쉬운 점이 있다. 부문 인재팀이 사규대로 절차를 진행하였고 나
를 케어하려고 노력했지만, 직장 내 성희롱 대응이 자주 있는 업무가 아니기
때문에 안내가 부족한 등 미흡한 점이 있었다. 만약 과거로 돌아간다면, 나는
조사 기간 동안 스스로를 보호하기 위해 유급휴가를 신청할 것이며, 2차 가
해를 하는 사람들에 대해 정식으로 문제를 제기할 것이다.

▶ **사외 대응 방법**

피해자가 조직에서 불이익을 받는 등 사내에서 사건이 원활하게 해결이 되
지 않았을 경우 사외 대응을 생각해볼 수 있다(사내 대응과 사외 대응을 병
행하여 진행할 수도 있다).

사법적 대응		비사법적 대응		
형사 고소· 신고·고발	민사 소송	국가인권위원회 진정	노동위원회 진정	고용노동부 진정

1. 사법적 대응

○ 형사 고소·신고·고발

　행위자의 행위가 형법 및 성폭력특별법에 명시된 성범죄(강제추행 등)에

해당된다면 검찰에 고소할 수 있다.

○ 민사 소송

행위자의 행위가 형법 및 성폭력특별법에 명시된 성범죄에 해당이 되지 않는 경우 행위자를 직접 처벌할 수 없다. 이런 경우 민사 소송을 통해 행위자 또는 사업주에게 손해배상을 청구할 수 있다.

2. 비사법적 대응

○ 국가인권위원회

국가인권위원회는 인권과 관련된 사건의 조사·구제 업무를 담당한다. 국가인권위원회에 진정하게 되면 조사관을 통해 진정인, 피해자, 피진정인이 조사를 받게 된다. 조사 결과 진정인의 주장이 받아들여지는 경우, 구제조치 등의 권고, 합의 권고, 법률구조요청 등이 결정된다.

- 진정 대상: 행위자, 사업주

- 진정 방법: 전화(1331), 방문·우편(국가인권위원회 인권상담조정센터), 국가인권위원회 홈페이지

- 처리절차: 인권상담 > 진정접수 > 사건조사 > 위원회의결 > 당사자통보

○ 노동위원회

직장 내 성희롱 피해자는 부당한 처우(부당해고, 휴직 등)에 대하여 노동위원회에 구제 신청을 할 수 있다. 노동위원회는 심문을 통해 처우의 부당성을 판단 후 구제 명령을 내린다.

- 구제 대상: 사용주로부터 부당한 처우를 받은 직장 내 성희롱 피해자
- 신청 상대방: 부당한 처우를 한 사용자
- 구제 신청 방법: 구제신청서(중앙노동위원회 홈페이지) 및 입증자료를 사업자 소재지 관할의 지방노동위원회에 제출
- 처리절차: 신청서 접수 > 심판위원회 구성 >사건 조사 > 심문일정 통지 > 심문·판정 > 판정서 송달

○ 고용노동부(지방고용노동관)

사업주가 직장 내 성희롱 관련 법(직장 내 성희롱 금지, 성희롱 예방 교육, 직장 내 성희롱 피해자 불이익 금지 등)을 위반했을 때 고용노동부에 진정할 수 있다. 근로감독관이 사실 조사를 진행하고, 조사결과 법령 위반 확인되면 사업주에게 시정지시 내린다.

- 신청 상대방: 사업주
- 신청 방법: 전화(1644-3119: 근로감독관 상담 및 신청, 1350:고용노동부 상담센터), 모바일 앱(법 안지키는 일터 신고해~앱), 사업장 소재지 관할 지방고용노동청에 제기, 고용노동부 홈페이지 익명신고

<Tip>

▶ 녹취

행위자가 행위를 인정하는 발언 등이 담긴 녹취 자료는 중요한 증거가 된다. 성희롱이 벌어지는 현장을 실시간으로 녹취를 하는 것이 가장 좋겠지만, 현

실적으로는 찰나의 순간이라 녹취가 어려울 수 있다. 만약 반복적으로 언어적 성희롱을 겪는다면, 소형 녹음기 또는 핸드폰 공기계를 작동 시킨 채로 몸에 지니고 다니며 대비할 수 있겠다.

▶ 기타 증거 자료

행위자가 보낸 문자 메시지, 메일 등 증거가 될 만한 것들을 확보하고, 혹시 CCTV가 있다면 CCTV 영상을 확인하고 확보한다.

▶ 구체적인 기록

목격자, CCTV, 녹취 자료 등의 증거가 없을 수 있다. 이러한 경우 피해자의 일관된 주장이 중요하다. 육하원칙에 따른 상세한 내용을 주변에 알리는 것뿐만 아니라 개인적으로 일기를 남겨두어도 좋다. 나의 경우는 사건 이후 매일 Word에 일기를 썼고, 조사를 받을 때 상세하고 일관되게 당시 상황을 진술할 수 있었다. 내가 했던 방법처럼 당시 상황을 주변 사람들에게 구두, 카카오톡 등으로 구체적으로 알리는 것이 입증 자료가 될 수 있다.

▶ 병원 진료

정신적으로 문제가 있는 등 치료가 필요하다면 병원에 가서 진료를 받는다. 산재 인정에 도움이 될 수 있으며 병원에서 진술한 내용이 증거가 될 수 있다.

끝나도 끝난 게 아닐 수 있다. 성희롱 피해 이후 2차 가해와 업무상 불이익

등이 있다면 이 또한 증거를 수집해야 한다. 또한 사규 및 법률을 잘 파악하여 본인을 보호하기 위한 것들을 적극적으로 요구해야 한다.

<전국 고용평등상담실 List>

고용노동부가 지원하는 민간단체로서 아래 기관들은 방문하거나 전화, 인터넷 등을 통해 상담하고, 법률지원이나 심리치료(일부 상담실) 등을 문의할 수 있다.

청별	단체명	주소	전화번호 (상담전화)	인터넷상담
서울청	(사)서울여성노동자회	서울마포구동교로162-5,5층	02-3141-9090	www.equaline.or.kr
	(사)한국여성민우회	서울마포구월드컵로26길39시민공간나루3층	02-706-5050	www.womenlink.or.kr
	(사)여성노동법률지원센터	서울영등포구당산로20길9-4 2층	02-582-5054 (0505-515-5050)	www.yeono.org
중부청	(사)인천여성노동자회	인천부평구마장로39-43층	032-524-8831	http://womenworker.org
	(사)부천여성노동자회	경기부천시원미구중동로248번길86,현해탑704호	032-324-5815	http://pwwa21.bucheon4u.kr
	(사)수원여성노동자회	경기수원시팔달구효원로53두리빌딩3층	031-246-2080	http://blog.naver.com/swwa11
	(사)안산여성노동자회	경기안산시단원구고잔로76,1107호	031-494-4362	www.aswomenworker.org
	한국노총춘천영서지역지부	강원춘천시후석로440번길9	033-243-7576	
부산청	(사)부산여성회	부산동래구연안로59번길99	051-506-2590	www.busanwoman.or.kr
	(사)마산창원여성노동자회	경남창원시성산구상남로67경창상가5층	055-264-5049	http://blog.daum.net/mcwwa
	한국노총울산지역본부	울산남구돋질로129(임시이전사무실돋질로120)	052-261-4493	

우리에게는 참지 않을 권리가 있다

대구청	(사)대구여성회	대구중구공평로20길32보성빌딩4층	053-427-4595	www.daeguwomen21.or.kr
	(사)대구여성노동자회	대구서구국채보상로38길35	053-428-6340	www.dgwwo.org
	(사)경주여성노동자회	경북경주시황성로64번길26	054-744-9071	kjwwo@hanmail.net
광주청	(사)광주여성노동자회	광주서구경열로69-1, 5층	062-361-3028	www.gjwwa.or.kr
	(사)전북여성노동자회	전북전주시완산구장승배기로300일암빌딩2층	063-286-1633	http://jwunion.org
	한국노총광양지역지부	전남광양시불로로123근로자종합복지관	061-792-0365	
	(사)제주여민회	제주용담로134, 3층	064-756-7261	www.jejuwomen.kr
대전청	한국노총충북지역본부	충북청주시서원구2순환로1814-39	043-273-7801	
	(사)대전여민회	대전중구동서대로1352번길19	042-226-9790	www.tjwomen.or.kr
	한국노총충남지역본부	충남천안시동남구충무로457근로자복지회관	041-551-9119	

※출처: 고용노동부 홈페이지

어느 날 아침 사택 앞에서 임사원을 마주쳤다.

"오래간만이네!"

그는 여느 때처럼 활기차게 인사했다. 함께 지하철역으로 걸어가며 그는 여의도 지사의 근황을 알려주었다.

"요즘 우리 팀에서 홍차장님이 아슬아슬한 발언을 많이 하시거든? 팀장님이 그럴 때마다 나한테 '임사원, 홍차장님 말씀 어떻게 생각해?'라고 물으셔."

"뭐라고 대답했어?"

"'홍차장님도 서초에 가고 싶으신가 본데요?'라고 대답했어. 하하. 그럼 홍차장님도 말씀 조심하시더라고."

서초 지사로 인사이동을 한 최차장을 두고 한 말이었다.

"최차장님은 이제 3팀 분들이랑 교류가 없지?"

"서초로 가신 지 이제 반년 됐고, 사실 여의도에 오실 일이 없긴 해."

나도 벌써 새로운 팀에 온 지 반년이 넘는 시간이 흘렀고, 여의도에서 겪었던 일에서 벗어나 순탄하게 회사 생활을 하고 있었다.

"얼마 전에 최차장님이 여의도에 와서 과장님이랑 나랑 셋이 술 마셨거든."

그는 최차장의 근황을 말해주었다.

"무슨 말 했어? 설마 아직도 내 욕해?"

"욕은 이제 뭐……. 새로 옮긴 부서에 적응을 못 해서 힘들어 하시는 것 같아. 그 부서에 최차장님이 왜 인사이동을 했는지 소문이 났대."

"소문이 거기까지 났구나."

"새 부서 사람들이 가슴을 만진 거 아니냐고 그런대."

"뭐? 무슨 말이야?"

"거기서 파렴치한으로 찍혔대. 최차장님이 아니라고 말해도 안 믿어주나 봐."

가슴을 만진 건 아니라며 억울해하는 최차장의 목소리가 들리는 것 같았다.

"아니라고 하는데도 안 믿어준다고? 왜 그러지? 다들 가슴

정도는 만져야 인사이동을 할 수 있다고 생각하는 것 같네."

사실은 최차장이 정말로 가슴을 만지지 않았다는 것을 알면 서초 지사 사람들이 뭐라고 할까? '겨우 이 정도로?'라는 반응을 보이는 건 아닐까.

지인 중에서 비슷한 이야기를 한 사람이 있었다. 한 친구는 내가 쓴 글을 읽고 '겨우 이 정도로 신고하는 것은 조금 과한 것 같다'고 했다. 그는 엘리베이터에서 비서에게 입을 맞추었다는 상무, 술을 마신 후 신입사원의 집에 강제로 들어가려고 했다는 과장 등을 예시로 들며 그의 직장에서는 더욱 강도 높은 성희롱이 벌어진다고 말했다. 그는 자신의 주변과 내가 겪은 일을 비교했을 때 최차장의 행위가 경미하게 느껴진다고 솔직한 생각을 말했다. 그리고 이야기 도중에 물론 본인은 나의 편이며, 내가 이런 일을 겪은 것이 속상하다는 말을 잊지 않았다. 그는 그 말이 나에게 어떤 영향을 미칠지 짐작이라도 해봤을까. '겨우 이 정도'라는 말은 잔잔하게 진정시켰던 내 마음을 뒤흔들었다. 나는 피해를 겪은 것은 나임에도 불구하고 자기 검열을 했으며 그럼 내가 어떻게 행동을 하는 게 좋았을지 답 없는 고민을 했다. 그는 성희롱을 피해자가 아닌 본인의 시각에서 판단하고 섣부른 말을 했다.

직장 내 성희롱에 대한 사회적 관심이 높아지고 있지만, 여전히 성희롱은 빈번하게 발생한다. 이 글을 쓰는 동안에도 나의 동기와 후배가 성희롱을 겪었다. 누구에게나 안전한 근로환경에서 일할 권리가 있으며 누구도 인권과 성적 자기결정권을 침해받아서는 안 되지만, 우리는 종종 이렇게 권리를 침해당한다. 조직이 나를 보호해주지 못하고, 근로환경에서 불평등과 차별을 겪는다면 직접 스스로의 권리를 적극적으로 찾아야한다.

내 친구를 포함하여 '겨우 이 정도로?'라고 생각하는 사람들에게 말하고 싶다. 개인의 기준으로 성희롱의 무게를 논하지 말아달라고. 침해된 권리를 회복하기 위한 피해자의 적극적인 노력을 유별나다고 생각하지 말고, 당연하게 여겨달라고. '겨우 이 정도로 신고를 해?'가 아니라 '원래 이 정도도 문제가 돼!'라고 생각해달라고.

마지막으로 이 책을 읽는 사람들에게 더 나은 기업 문화를 만들기 위해 노력해주길 부탁한다. 현실적으로 우리가 할 수 있는 일은 직장 내 성희롱 피해자에게 주변인으로서 힘이 되어주는 것이다. 이번 일을 겪으며 특히 주변인의 역할에 대해 생각하게 되었다. 통계에 따르면, 대부분의 사람은 앞으로의 직장 생활 동안 성희롱 피해자가 되기보다는 주변인이 될 것이다. 조직 내에서 절대다수는 주변인이며, 주변인의 반응에 따라 조직의 분위기가 조성되기 때문에 주변인의 역할이 정말 중요하다. 행위자는 물론이고 주변인들이 변해야 기업 문화가 빠르게 변할 수 있다. 침해된 권리를 되찾기 위해 피해자가 '용기'를 내야하는 상황에서 주변인이 따뜻한 지지를 보내준다면 피해자의 목소리에 더욱 힘이 실릴 수 있다.

『우리에게는 참지 않을 권리가 있다』가 직장 내 성희롱 피해자에게 힘이 되고, 시대를 따라가지 못하는 기업 문화를 변화시키는 한 획이 되길 바라며.

KI신서 9252

우리에게는 참지 않을 권리가 있다

1판 1쇄 인쇄 2020년 7월 3일
1판 1쇄 발행 2020년 7월 10일

지은이 유새빛
펴낸이 김영곤
펴낸곳 ㈜북이십일 21세기북스

정보개발본부장 최연순 정보개발3팀장 최정미
책임편집 신채윤 감수 이은의
디자인 this-cover.com
마케팅팀 박화인 한경화
영업본부이사 안형태 영업본부장 한충희
출판영업팀 김수현 오서영 최명열
제작팀 이영민 권경민

출판등록 2000년 5월 6일 제406-2003-061호
주소 (10881)경기도 파주시 회동길 201(문발동)
대표전화 031-955-2100 팩스 031-955-2151 이메일 book21@book21.co.kr

(주)북이십일 경계를 허무는 콘텐츠 리더

21세기북스 채널에서 도서 정보와 다양한 영상자료, 이벤트를 만나세요!
페이스북 facebook.com/21cbooks   포스트 post.naver.com/21c_editors
인스타그램 instagram.com/jiinpill21   홈페이지 www.book21.com
유튜브 youtube.com/book21pub
서울대 가지 않아도 들을 수 있는 명강의! <서가명강>
유튜브, 네이버 오디오클립, 팟빵, 팟캐스트, AI 스피커에서 '서가명강'을 검색해보세요!

ⓒ 유새빛, 2020

ISBN 978-89-509-8937-8 03330